中共湖北省委宣传部与中南财经政法大学共建新闻学院创新团队项目
"新生代父母媒介化育儿研究"成果

文 澜 学 术 文 库

Mediatized Parenting

A Study on Parenting of the New Generation of Parents in Digital Age

王继周 / 著

媒介化育儿

数字时代 新生代父母育儿研究

社会科学文献出版社
SOCIAL SCIENCES ACADEMIC PRESS (CHINA)

总　序

中南财经政法大学新闻与文化传播学院建院虽然只有十余年，但院内新闻系、中文系和艺术系所辖学科专业都是学校前身中原大学 1948 年建校之初就开办的，后因院系调整中断，但从首任校长范文澜先生出版《文心雕龙讲疏》开始其学者生涯，到当代学者古远清教授影响遍及海内外的台港文学研究，本校人文学科的研究可谓薪火相传、积淀丰赡。

1997 年，学校重新开办新闻学专业，创建新闻系，相关学科专业建设开始步入新的发展阶段。2004 年，新闻与文化传播学院组建。近年来，在学校建设"高水平、有特色的人文社科类研究型大学"的发展目标的指引下，中文系和艺术系相继在 2007 年和 2008 年成立，人文学科迅速得到恢复和发展。

为了检阅本院各学科研究工作的实绩，进一步推动研究的深入和学科的发展，我们将继续编辑出版本院教师系列学术论著"文澜学术文库"丛书。

该丛书以"文澜"命名，一是表达我们对老校长范文澜先生的景仰和怀念，二是希望以范文澜先生的道德文章、治学精神为楷模自律自勉。

范文澜先生曾在书斋悬挂一副对联："板凳要坐十年冷，文章不写一句空。"这种做学问的自律精神在今天更显得宝贵和具有现实意义。《文心雕龙讲疏》是范文澜先生而立之年根据在南开大学的讲稿整理完成的第一部学术著作，国学大师梁启超为之作序："展卷诵读，知其征证详核，考据精审，于训诂义理，皆多所发明，荟萃通人之说而折衷之，使义无不明，句无不达。是非特嘉惠于今世学子，而实大有勋劳于舍人也。"学术研究之意义与价值，贵在传承文明、承前启后、继往开来、推陈出新。范文澜先生之《文心雕龙讲疏》后又经多次修订，改名《文心雕龙注》以传世，作者有着严谨的学风、精益求精的精神，实为吾辈楷模。正因如此，其著作乃成为《文心雕龙》研究史上集旧注之大成、开新世纪之先河的里程碑式的巨著。

先贤已逝，风范长存。高山仰止，景行行止。虽不能至，然心向往之。

是为序。

胡德才

2015 年 7 月 6 日于武汉

摘　要

　　新生代父母指出生于20世纪八九十年代现已成为父母的特定群体。本书以媒介化为理论视角，通过对育儿微信群的民族志调查，细致考察当下新生代父母媒介化育儿实践及其相关问题。

　　21世纪以来，互联网、BBS、微博、微信等数字媒介与现代人的日常生活的深度互嵌与融合将"中介化育儿"推进到"媒介化育儿"的新阶段，而育儿微信群成为新生代父母"媒介化育儿"的一种表征。"媒介化育儿"意味着媒介（尤其是新媒介技术）在新生代父母的育儿经验中成为一个主导性因素，这不仅是对媒介逻辑介入育儿实践/经验这一现象的描述，还意味着育儿实践/经验遵循媒介运作逻辑而展开的客观事实。如此一来，"媒介化育儿"情境中的"媒介"就具有了拉图尔意义上的"行动者"的丰富内涵。在育儿微信群中，以"育儿知识推送"与"亲身育儿经验分享"为发生维度的育儿信息互惠，既是消解新生代父母育儿焦虑的一种力量，也使代际合作育儿的区隔与边界更为凸显。育儿微信群中的信息互惠与存在于传统农业社会、工业社会中的"互惠"在互惠模式、互惠中介、互惠主体等方面存在结构性差异，而这标识出育儿微信群中媒介化的育儿信息互惠的特质。

　　闲话作为一种私密或亲密叙述，通常以隐蔽的方式存在于熟人社会或亲密关系之间，而在育儿微信群中却变得公开化了。这意味着育儿闲话向所有群内成员开放，且群内成员可以自由参与闲话过程中。如此一来，在育儿微信群中闲话被赋予公共性，成为一种公共表达，这使媒介化的育儿闲话参与者在呈现本真自我中释放了育儿生活中压抑的自我。同时，在育儿微信群内，作为群内成员的新生代父母之间呈现出一种亲密的群己关系，这使育儿微信群流露出共同体的含义。从理论史的角度看，从滕尼斯明确提出"共同体"概念至本尼迪克特·安德森开始将媒介技术与共同体勾连在一起的这段时期是共同体的"前媒介化"时代，所谓"前媒介化"时代，也就是说，媒介技术在共同体的形成过程中并不是主要因素。"共同的身份归属与认同""数字媒介衍生出的深度沟通""双重互惠机制"诸要素的交织使得育儿共同体成为可能，育儿共同体的出现标志着媒介化共同体的来临。

Abstract

The new generation of parents pointed out that they were born in the 1980s and 1990s and have become a specific group of parents. From the theoretical perspective of media, through the ethnographic investigation of parenting WeChat group, this topic carefully investigates the current media parenting practice and related problems of the new generation of parents.

Since the 21st century, digital media such as Internet, BBS, microblog and WeChat have been deeply embedded and integrated with modern people's daily life, which has promoted the "media based parenting" to a new stage of "media based parenting", and the parenting WeChat group has become a representation of the "media based parenting" of the new generation of parents. "Media parenting" means that the media (especially new media technology) has become a leading factor in the parenting experience of the new generation of parents, which is not only a description of the phenomenon of media logic intervening in parenting practice/experience, but also an objective fact that parenting practice/experience follows the media operation logic. Thus, "media" in the context of "media parenting" has the rich meaning of "actor" in Latour's sense. In the parenting WeChat group, the reciprocity of parenting information with the occurrence dimensions of "parenting knowledge push" and "personal parenting experience sharing" is not only a force to dispel the parenting anxiety of the new generation of parents, but also highlights the division and boundary of intergenerational cooperative parenting. There are structural differences between the information reciprocity in the parenting WeChat group and the "reciprocity" existing in the traditional agricultural society and industrial society in terms of reciprocity mode, reciprocity intermediary and reciprocity subject, which indicates the characteristics of the mediated parenting information reciprocity in the parenting WeChat group.

As a private or intimate narrative, gossip usually exists in the society of acquaintances or intimate relationships in a hidden way, but it has become open in the parenting WeChat group, which means that parenting gossip is open to all members of the group, and members of the group can freely participate in the process of gossip. Thus, in the parenting WeChat group, gossip has been given publicity and become a public expression, which makes the media parenting gossip participants release the repressed self in the parenting life by presenting their true self. At the same time, in the parenting WeChat group, there is a close group self relationship between the new generation of parents as members of the group, which makes the parenting WeChat group reveal the meaning of community. From the perspective of theoretical history, the period since Tennessee clearly put forward the concept of "community" and Benedict Anderson began to connect media technology with the community is the "pre-media" era of the community, the so-called "pre-media" era, that is, media technology is not a major factor in the formation of the community. The interweaving of elements such as "common identity ownership and identity", "in-depth communication derived from digital media" and "dual reciprocity mechanism" makes the childcare community possible. The emergence of childcare community marks the advent of media community.

目　录

第一章　代际变迁、育儿焦虑
与新媒介技术

育儿是关系人类社会再生产的关键环节，在我国当下社会结构中，以"80后""90后"为主体构成的新生代父母正在成为育儿群体中独特的一代，他们的育儿行为迥异于其先前世代。根据 2021 年 5 月公布的第七次全国人口普查数据，2020 年我国新出生人口为 1200 万人。① 父母如何生养抚育我们？我们又如何生养抚育下一代？

"新生代父母"指出生于 20 世纪八九十年代现已成为父母的特定群体。本研究以媒介化为理论视角，通过对育儿微信群进行民族志调查，细致考察当下新生代父母媒介化育儿实践及其相关问题。

第一节　育儿焦虑的兴起与新媒介技术

自 20 世纪 20 年代德国著名社会学家卡尔·曼海姆（Karl Mannheim）与西班牙思想家奥特加·伊·加塞特（José Ortega Gasset）提出"代""世代"（Generation）概念以来，"代"成为洞察诸多社

---

① 李金磊：《2020 年中国出生人口为 1200 万人》，中国新闻网，2021 年 5 月 11 日，http://www.chinanews.com/gn/2021/05 – 11/9474648.shtml。

会现象的一个重要窗口。"代"不仅标识出身处共同时代的特定群体的相似性和同质性，还意味着"此世代"迥异于"彼世代"的异质性，也正是在"此世代"与"彼世代"的相互映照过程中，彼此的样貌和社会行为愈加清晰可见。沿着这样的思路，考察"80后""90后"新生代父母的育儿行为，不妨让我们先从两个"60后"父母的育儿故事开始。显然，"60后"父母的育儿故事和育儿经验已成为一种过往，而"80后""90后"新生代父母的育儿故事正在展开。但是，考察"60后"父母的育儿故事不仅因为"60后"是生养抚育"80后""90后"的主体，还因为这有助于探寻"80后""90后"新生代父母育儿行为的历史方位和世代特征。

一 两个"60后"父母的育儿故事

从代际的窗口看，"60后"作为父母养育"80后""90后"与"80后""90后"作为父母抚育下一代的观念与方式正发生深刻变化。通过观察与对比"60后"的育儿经验，我们可以捕捉当下新生代父母育儿焦虑的表征。以下是两个"60后"的育儿故事。

故事一

A夫妇是事业单位职工，生活在城市，1989年生下一个女儿。他们回忆说，孩子出生以后就是正常喂养，有时会遇到一些问题，此时老人的经验很重要也很管用，比如，夏天太热的时候，如果小孩子身上长了痱子，就用艾草叶子煮水，然后用艾叶水给孩子洗澡，过几天痱子就消失了。当时A夫妇获取育儿信息的渠道有限，除了亲朋好友之间的人际传播，就是从报纸和电视上获取育儿信息。在这样的社会背景下，"60后"父母对来自老人的育儿经验十分信服。在孩子读小学之前，置身于家庭背景中，A夫妇的孩子基本是按照"小问题自己解决，大问题去医院解决"这样的模式抚养的，在这些"小问题自己解决"的过程中，老人的经验扮演着十分重要的角色甚至是不可或缺的。而现在的育儿实践就大不相同了，按照 A 夫妇的说法就是，"现在的年轻人都不信这些，他们养孩子都靠上网搜"。

孩子读小学以后，每天放学盯着孩子做家庭作业成了 A 夫妇的必修课。当与他们谈及兴趣班、辅导班之类的问题时，他们说，随着孩子年龄的增长，主要是上小学以后，也会选择上课外辅导班，但不像现在这么"疯狂"。他们说，有个亲戚家的小孩，今年（2021 年）刚上幼儿园中班，每周要上三四个兴趣班，一个英语启蒙班、一个网球班、一个乐高搭建班，有时候还去上轮滑课，"这在我们那个条件比较艰苦的年代，是不可能的事情"。在 A 夫妇印象中，他们家女儿小学时上了课外硬笔书法班，他们还拿出当时书法比赛的获奖照片和奖状给笔者看，谈及这些，他们很是高兴和自豪。"那时候，工资收入比较低，我们两个人加在一起也只有一百块钱左右。但在教育上还是很舍得的。"

孩子升初中和升高中的时候，A 夫妇并没有表现得很焦虑，"因为很简单，那时候考不上可以花高价上学，当时叫'择校费'"。对于城市里好一点的高中，只要分数不是特别低，就可以入学。即使分数比较低，也可以读差一点的高中。在 A 夫妇看来，这一点很重要，因为这意味着虽然学习不好，但是花钱也可以保证有学可上，而且可以上重点中学，而这在今天看来则是很难的。A 夫妇这样解释现在家长在教育上面临的焦虑问题。但是，这并不意味着 A 夫妇那个年代的父母不存在焦虑。A 夫妇回忆说，一升高中就开始找各种课外辅导班，尤其临到高考前，打听各种能够考进好大学的门路。他们所说的好大学是指"211"或"985"大学。

故事二

B 曾经是一名农民，如今在城市做小生意，2003 年前后举家从乡村迁移到城市，就这样，他的生活被划分成了两个阶段——生活在农村与生活在城市，这对他的育儿行为而言似乎没有本质的差别。1990 年他的第一个孩子出生，当笔者跟他谈及育儿或生养抚育之事时，他表现出了惊讶与不可思议，他的反应和种种副语言似乎在反问笔者："这也能成为一个问题？"因为在他看来，这是一件自然而然的事情。在他的描述中，自己一直都在为生计奔波，到处做生意，不管在农村还是在城市，很少有时间管孩子的教育和成长问题。

孩子出生以后，奶奶和姑姑对其照料多一些，当时由于 B 的家里承包了村里的"代销点"，物质条件比村里其他人相对好一些，再加上他的孩子是家里的长孙，家庭成员对其更是疼爱有加，面包、糖果……全都供应充足。有一件事情至今被他的家人们经常说起，在孩子 3 岁左右时，孩子的姑姑给孩子喂了太多肥肉，导致孩子一天没吃东西，他们还经常把孩子现在不吃肥肉的习惯跟这件事联系起来。

B 回忆说，其实，孩子读小学的时候成绩并不好，考试很少能及格，放学经常和村里的其他小孩一起玩，也不做作业。有时候，天黑了满村找也找不到人。"我到处做生意，他妈妈没读过书也不认字，所以基本上没有辅导过孩子做家庭作业，当时头脑中也没有'辅导'这个概念。"当笔者问及"成绩不好，你们不着急吗"时，B 说："那个时候整个社会的条件有限，大家都不太好，只有极个别的孩子成绩好一些，所以就没什么好着急的，但最主要的原因是大家都在为生计奔波，根本顾不上孩子的学习。"

B 谈及了一件让他印象深刻的事，他回忆说："孩子初中升高中的时候没达到分数线，掏了 4000 多块钱我都没犹豫。"虽然他自己初中都没念完，但是只要孩子想上学就会全力支持。他说："那时候，他也可以跟我一起学做生意，但我问他还想不想读书，他说想，我就让他读。从那以后，孩子自己也开始努力，后来自己考进了大学。"

　　以上是两个"60 后"的育儿故事，虽然他们的故事都发生在20 世纪八九十年代的社会情境下，但育儿经验却不尽相同。本质上而言，经验本身就是千差万别的、繁杂的。但通过这两个"60 后"育儿故事可以观察到当下"80 后""90 后"新生代父母育儿行为的一些特征，最明显的就是，育儿焦虑的凸显。这一点从下面关于"新生代父母的育儿焦虑"的具体论述中可以更容易观察到。

二　新生代父母的育儿焦虑

　　从生命历程来看，新生代父母作为一个社会群体，还有一个曾用名——在他们成长过程中曾被称为"小皇帝"。20 世纪八九十年代，"小皇帝"一词在中国变得流行起来，至今仍被一些研究者和新闻媒体拿来指代作为一个整体的中国独生子女群体，有论者指出，有"小皇帝"的家庭都有一个突出特征，那就是"4－2－1 综合征"，即四位祖父母和两位父母娇生惯养一个孩子。① 昔日的"小皇帝"们如今开始为人父母，尤其是初为人父母时，将会发生怎样的事情？下面这则新闻报道所呈现出来的场景一定程度上可以为求解这一问题提供一些线索。

　　当一直在父母宠爱中长大、没有任何育儿经验的"80 后"

---

① 　景军：《喂养中国小皇帝：食物、儿童和社会变迁》，华东师范大学出版社，2017，第 1～2 页。

"90 后"独生子女也为人父母时，育儿焦虑的现象越来越明显。在上海市第一妇婴保健院的妇幼保健门诊中，有三到四成患儿其实并没有病症，而睡眠、奶量、缺钙是这些新手爸妈最焦虑的问题。4 月 12 日，澎湃新闻记者从该院一项调研中了解到，新生代爸妈的"焦虑症"给传统的医疗服务带来了很大的压力。①

上述这则新闻报道描述了作为新生代父母的"80 后""90 后"正在面临的育儿焦虑与困惑。孩子没有病症，父母为何焦急寻医？正如上述新闻报道所指出的一个事实：这些"80 后""90 后"年轻父母多为"没有任何育儿经验"的新手父母。笔者亦是其中的一员：2017 年，笔者的第一个孩子出生，这才使得笔者切身体会到新手父母的百般育儿焦虑——孩子出生后，如何选择林林总总的疫苗接种？感冒了怎么办？如何识别幼儿急疹？孩子为什么会胀气？如何应对新生儿黄疸？如何做好儿童的口腔护理？……育儿焦虑变成了一个个具体而又棘手的育儿难题。同时，育儿之难还在于不能凡事都寻求医生帮助，而且有时由于个体差异的存在，医生也难以给出既让父母信服又有效果的解决方案。随着孩子的成长，育儿焦虑与难题不但没有减少，反而不断增长，这更让新手父母束手无策。"该不该让祖辈带孩子？""什么才是孩子发展的良好方式？""家庭教育到底要教育什么？"……甚至有人总结出"当前家庭教育家长十大困惑"在互联网上广泛流传，这在一定程度上折射出新生代父母育儿的现实窘况与复杂心态。在如是语境下，作为"数字原住民"（Digital Natives）一代，笔者的第一个孩子出生后不久，为缓解作为一位新手父亲的育儿知识焦虑，笔者有意或无

---

① 姜丽钧：《上海幼保门诊三至四成"患儿"无病，新手父母普遍有育儿焦虑》，澎湃网，2016 年 4 月 13 日，https://www.thepaper.cn/newsDetail_forward_1455792。

意地加入了一些与育儿有关的微信群。

在育儿实践层面，所谓育儿（或称为"育孩"）焦虑症是指父母对孩子越来越重视，他们在培养孩子的过程中，孩子出现的任何问题及未来可能出现的行为都会引发父母的焦虑，美国临床医学家戴维·安德雷格（David Andereg）发现"育儿焦虑的高发群体存在于只有一个孩子，或者第一次做父母的人群中"[①]。相关调查资料进一步表明，即使不考虑新手父母的身份，在中国目前有超八成的父母在育儿方面存在困惑和焦虑。[②] 中国有句俗话"第一个娃照书养，第二个娃照猪养。"这可以在一定程度上反映出初为人父母的心态。置身瞬息万变的时代，数以万计的信息在我们身边交换，甚至人们每天都在为解决工作、生活中的诸多问题以及亟待满足的需求而通过各种途径来不断寻找信息。[③] 在大众传播时期，除了人际来源（医学专业人员、亲人、朋友）外，大众媒体亦可能成为提供妇婴/妇幼照料讯息的来源。[④] 而作为新生代父母的角色使笔者观察到，在信息传播技术高速发展的社交媒体时代，初为人父母的年轻一代明显倾向于以互联网和社交媒体为中介展开生养抚育之事。易言之，他们倾向于将"如何育儿"的疑惑以及由此产生的焦虑置于互联网和社交媒体的具体情境之中，诚如初为人母的研究者叶盛珺在研究中自述道：

"伴随女儿的降生，带来的是生活巨大的转变。两人世界

---

① 冯春：《中国育儿好计划 帮助新手爸妈战胜育儿焦虑症》，搜狐网，2013 年 10 月 18 日，http://news.sohu.com/20131018/n388445164.shtml。

② 陈玮、崔岩、徐洁：《90 后妈妈育儿就靠上网搜 超八成父母陷育儿困惑和焦虑》，《齐鲁晚报》2016 年 12 月 11 日，第 2 版。

③ 江盈欣：《新手妈妈于虚拟社区之资讯行为》，淡江大学硕士学位论文，2016。

④ 陈婷玉：《当妈妈真好？流行妇幼杂志的母职再现》，《女学学志：妇女与性别研究》2010 年第 26 期。

瞬间就变成了与公婆、父母、孩子共处的复杂环境，也不再有自由的生活……被孩子'绑架'的境况一度让笔者情绪低落……除了家人的大力支持和自我适应以外，社交网络对笔者接受和适应新的角色起到了重要的作用。"①

中国互联网络信息中心最新的数据显示，截至 2019 年 6 月，中国网民规模达到了 8.54 亿，其中 20～39 岁网民最多，占网民整体的 48.3%，互联网普及率达到了 61.2%，同时，我国手机网民规模达到 8.47 亿，而其中我国即时通信用户规模达 8.25 亿，手机网民经常使用的各类 App 中，使用即时通信类 App 的时间最长，占比为 14.5%。② 进而言之，在新媒体时代，大部分网络育儿资源的用户是 30～35 岁的新生代父母，这意味着越来越多的新生代父母使用互联网和手机来寻求母婴健康信息。③ 也就是说，近年来随着新媒介技术的不断发展变化，新生代父母经常使用新媒体上的母婴健康资源。首先，一些垂直型的母婴社交网站，已经成为集新闻、咨询、商城、博客、论坛等为一体的全媒体 SNS 平台；其次，母婴类 App 的出现，进一步方便了信息交流。研究显示，新媒体母婴资源不仅支撑着新生代父母日常的育儿生活和交流需求，还影响着他们的育儿理念、育儿手段、购买决策以及交际圈子。④

此外，育儿成本增加、工作负荷日趋沉重、医疗资源分配不均等现状都是我国新生代父母面临的现实难题。有学者如是喟叹：当

---

① 叶盛珺：《关于有效传播在优质网络社群中的实现——以"新妈妈"微信群聊圈为样本的实证研究》，浙江大学硕士学位论文，2017。
② 中国互联网络信息中心：《第 44 次中国互联网络发展状况统计报告》，2019 年 8 月。
③ 刘利群主编《中国媒介与女性发展报告（2013～2014）》，社会科学文献出版社，2015，第 200～216 页。
④ 刘利群主编《中国媒介与女性发展报告（2013～2014）》，社会科学文献出版社，2015，第 200～216 页。

下，生养抚育何以从自然的原初状态，日益转变为一件极度复杂、专业且消耗的事情？① 在这一宏观社会问题下，本研究尝试通过聚焦当下新生代父母的育儿行为管窥这一问题，探讨新生代父母的微信群使用行为以及发生于其中的在线交往实践，借此洞察以微信群为代表的数字媒介技术如何重塑与建构新的育儿实践。

第二节 新生代父母的育儿问题聚焦与田野的选择

一 新生代父母的育儿问题的聚焦

近年，围绕育儿的相关研究主要集中在社会学、教育学、医学等领域，相较之下，传播学学者对此的探讨尤显薄弱。整体观之，国内主要研究取向如下：一是侧重探讨新手父母的育儿焦虑问题；二是注重揭示社交媒体之于新生代父母的积极作用；三是限于研究规模，既有研究多以 QQ、QQ 群等单一社交媒体为研究对象。相对于国内研究而言，近年来国外积累了较多相关研究文献，主要体现出以下三种视角。一是在赋权之外揭示了新生代父母社交媒体使用的多元角色。与媒介赋权逻辑一脉相承，Nolan 等研究发现，年轻母亲的 SNS（Social Networking Sites）使用为其提供了信息与情感支持，是她们的社会资本的一项重要来源。② 此外，国外一些研究者还关注到新生代父母育儿实践中社交媒体使用可能带来潜在的风险。例如，Lupton 对澳大利亚孕妇以及孩子年龄较小的母亲的数字

---

① 施芸卿：《当妈为何越来越难——社会变迁视角下的"母亲"》，《文化纵横》2018 年第 5 期。

② Nolan, S., Hendricks, J., Towell, A., "Social Networking Sites (sns): Exploring Their Uses and Associated Value for Adolescent Mothers in Western Australia in terms of Social Support Provision and Building Social Capital", *Midwifery*, 31 (9), 2015, pp. 912–919.

媒体使用经历展开研究，发现虽然她们经常使用数字媒体维持社会关系、展示育儿图片、记录孩子成长等，但很少有人开始考虑在线上分享自己或其孩子的日常生活这件事的潜在风险。[①] 二是以"晒娃"（Sharenting）为表征的自我呈现视角。在这一视角下，"新生代父母在社交媒体上的'晒娃'行为可能存在哪些风险？""如何应对这些风险？""会不会对孩子产生影响？"等问题被探讨。丹麦学者 Damkjaer 对 8 对丹麦父母在 Facebook（脸书）上的"晒娃"行为进行研究发现，"晒娃"已与年轻一代父母的育儿实践紧密结合在一起，这塑造了新手父母的自我认同，同时对建立和维护其社会关系具有重要作用。[②] 三是突破单一类型社交媒体的限制，考察多种类型社交媒体对母职经验的改变。相较于国内相关研究而言，国外研究者将视野拓展到论坛、博客、脸书等不同类型社交媒体对新生代父母育儿的影响上。综上所述，国内外相关研究为本研究提供了有益借鉴。然而，在中国社会结构中，什么情况下新生代父母会使用社交媒体？育儿过程中使用社交媒体的动机与目的是什么？新生代父母在使用社交媒体进行育儿的过程中表现出哪些突出的问题？此外，在当下中国代际合作育儿模式下，育儿并非母亲"一人之事"，而是"众人之事"。因此，"新生代父母育儿的社交媒体使用行为是否会影响其家庭代际关系？"等问题值得被关注。

需指出的是，"焦虑"是新生代父母育儿实践中的典型特质。但这并不是说父辈的育儿实践中不存在"焦虑"问题，只是说当下的"育儿焦虑"具有特定的内涵和限度。在本研究中，"育儿焦虑"

① Lupton，D.，"'It just Gives Me a bit of Peace of Mind'：Australian Women's Use of Digital Media for Pregnancy and Early Motherhood，" *Societies*，7（3），2017，pp. 2 – 13.

② Damkjaer，M.，"Sharenting ＝ Good Parenting？Four Parental Approaches to Sharenting on Facebook"，in Mascheroni，G.，Ponte，C.，Jorge，A.，eds.，*Digital Parenting：The Challenges for Families in the Digital Age*（Göteborg：Nordicom，2018），pp. 209 – 218.

是对新生代父母育儿实践的一种描述，尤其是孩子出生早期以及面对第一个孩子出生时这种焦虑表现得更为明显。本研究使用的"育儿焦虑"这一概念具有以下几个方面的指向。首先，相对上一代父母而言，新生代父母的"育儿焦虑"更为强烈和频繁。其次，新生代父母的"育儿焦虑"不仅体现在升学等大事上，还更多体现在面对发烧、吃药、打疫苗等小问题上，育儿过程中焦虑的范围越来越广泛，是一种结构性焦虑。最后，新生代父母的"育儿焦虑"不仅表现为一种焦灼的紧张状态，还内在地蕴含着积极寻求化解焦虑的方式。寻求化解焦虑的方式不是代际育儿经验的交流而是以互联网和社交媒体等新媒介技术为路径。那么，当作为"数字原住民"的"80后""90后"新生代父母将生养抚育之事的焦虑与困惑诉诸互联网时会产生何种影响？如是实践具有何种意义？

按照这样的逻辑，站在"育儿焦虑"的起点上，本研究在经验层面关注的问题是：结合一手田野调查经验，在媒介化的理论视角下，通过"深描"（Thick Description）育儿微信群的故事，以及穿插与父辈的代际经验比较，观照作为数字原住民的"80后""90后"新生代父母的育儿实践与以微信群为表征的数字媒介的复杂互动关系，考察以微信群为表征的数字媒介如何建构新的育儿实践及其影响。媒介技术总是镶嵌于特定的社会结构之中，结合中国社会结构，作为"行动者"的育儿微信群如何作用于年轻一代父母的育儿生活，如何理解育儿微信群对于新生代父母的意义，以及育儿微信群显示出怎样的文化意味，这些问题值得进一步思考。

二　核心概念界定

本研究涉及"新生代父母""网络社群""共同体""媒介化"

"群体符号边界" 等核心概念，这里对这些概念的内涵以及本研究在何种意义上使用这些概念给予解释。"共同体" 与 "媒介化" 将在后面相关章节中展开专门论述。

1. 新生代父母

顾名思义，"新生代父母" 是由 "新生代" 和 "父母" 两个词汇复合而成的概念表述，"父母" 很好理解，无须过多解释。那么，如何理解 "新生代" 呢？第二次世界大战以后，德国著名社会学家卡尔·曼海姆提出 "社会代"（Social Generation）的概念。[1] 这里的 "代" 是 "世代" 的意思，使用 "代" "世代" 描述特定年代的固定人群成为新闻媒体和学术界的一种潮流，在世界范围内迅速形成了 "战后一代"、"婴儿潮一代"（Baby Boomers）、"千禧一代"（Millennials）、"Z 世代"（Generation Z）、"α 世代"（Generation Alpha）等概念表述。具体而言，"婴儿潮一代" 主要指出生于 1946～1964 年的一群人；"千禧一代" 主要指出生于 1982～2000 年的一群人；"Z 世代" 主要指出生于 1995～2010 年的一群人；"α 世代" 主要指出生于 2010 年至今的一代人。值得注意的是，这些概念表述主要产生于 20 世纪 50 年代以后的西方社会，也是对西方社会特定人群特征的描绘，在我国的适用性比较有限。

类似的概念表述在我国社会也出现了，例如 "小皇帝" "新生代" 等，这些描述体现出丰富的 "代" 的含义。他们身上往往具有其他 "世代" 所不具有的特质，所以，这成为观察一个时代的窗口。新闻媒体和研究者们经常使用这些概念指涉特定时期的社会群体。"新生代" 原是一个地质学概念，即 "Cenozoic Era"，在生物学和地质学领域指在中生代恐龙灭绝后进入以被子植物和哺乳动物

---

① Mannheim, K., "The Problem of Generations", in Kecskemeti, P., ed., *Essays on the Sociology of Knowledge*（London: Routledge and Kegan Paul, 1952）, pp. 276 – 320.

为主导的新时期。在人文社会科学领域，"新生代"是一个诞生于中国社会情境下的概念表达，西方社会语境下并没有对应的学术概念。在目前的研究实践中，"新生代"还未形成一个严谨的概念表述，与之相关的界定纷繁复杂，这里列举几例比较流行的用法。一是，有研究者将"80后""90后""00后"都称为"新生代"，属于"新生代"的指涉范畴，但"80后""90后"是主要构成群体。① 二是，"新生代"泛指跨世纪的青年。② 三是，在流动人口研究的谱系中，有研究者认为，新生代流动人口是指这样一个年轻群体：出生于20世纪70年代末80年代初，主要成长和接受教育于80年代，外出（务工或经商）于90年代。③ 四是，在文学领域，"新生代"作家作为一个松散的文学群体并没有固定的确指，几乎20世纪70年代以后出生的，同时其作品侧重对当下时代生活表征进行挖掘的作家都被认为是"新生代"。④

按照德国著名社会学家卡尔·曼海姆关于"社会代"的观点，"代"至少包含以下两个层面的含义：一是在年龄结构上，属于同龄人群；二是在价值观念与行为模式上，由于相似的或相同的经历而产生强烈的代际认同，表现出明显区别于其他世代的价值观念和行为模式。⑤ 基于此，本研究认为，新生代父母是指出生于20世纪八九十年代现已成为父母的这一特定群体。

在我国现有的家庭结构中，母亲通常承担养育子女的主要职

① 李春玲：《改革开放的孩子们：中国新生代与中国发展新时代》，《社会学研究》2019年第3期。
② 吕杰：《跨世纪新生代的社会心理承受能力及培养机制》，《当代青年研究》1995年第6期。
③ 王春光：《新生代农村流动人口的社会认同与城乡融合的关系》，《社会学研究》2001年第3期。
④ 李晓丽：《"新生代"女作家的日常生活叙事》，南开大学博士学位论文，2012。
⑤ Pilcher, J., "Mannheim's Sociology of Generations: An Undervalued Legacy", *The British Journal of Sociology*, 45 (3), 1994, pp. 481 – 495.

能，因此，有时会使用到"新手妈妈"这个概念，这可以看作"新生代父母"概念下的一个子概念。在既有的关于新手妈妈的研究中，学者们各有解释，有研究者认为，"新手妈妈是指第一个孩子处于 0~3 周岁且尚无孕育第二个孩子的成年已婚女性"[①]；有研究者将新手妈妈定义为"家中仅有一个小孩且小孩的年龄为两岁六个月以内的女性"[②]；亦有研究者以仅育有一个两岁半以内的孩子作为新手妈妈的界定，例如廖玲玲[③]、郭倩如[④]等在研究中采取此种界定。在这些纷繁的分歧中有一个共识——作为一个特殊的社会群体，新手妈妈初为人母。这也是本研究中"新手妈妈"这个概念的第一层次含义。结合本研究实际，"育有一个处于 0~3 岁的孩子"是本研究中"新手妈妈"的第二层次含义。

2. 虚拟社区/网络社群

"虚拟社区"与"网络社群"是一个舶来概念，两者共同对应于英文概念"Virtual Community"。20 世纪 90 年代以来，随着以互联网为代表的现代信息传播技术的发展，"虚拟社区"（Virtual Community）得到越来越多研究者的关注。相对于传统社区，虚拟社区不是基于传统"地缘"形成的一种社区类型，而是基于共同的兴趣、共同的价值观念、共同的需求等构筑的网络社区。

江盈欣将虚拟社区定义为，在网络中拥有共同需求的人聚在一起讨论、互动，分享讯息，联结彼此而产生网络世界中的人际关系。[⑤] Fernback 以"社区/社群＋网络"的逻辑理解虚拟社区，他认

---

① 江曼莉：《新手妈妈的母职角色发展》，华东师范大学硕士学位论文，2016。
② 江盈欣：《新手妈妈于虚拟社群之资讯行为》，淡江大学硕士学位论文，2016。
③ 廖玲玲：《我当妈妈了——新手妈妈初任母职历程之研究》，（台湾）台东大学硕士学位论文，2006。
④ 郭倩如：《新手妈妈压力源、压力因应策略与压力反应之调查研究》，中国文化大学硕士学位论文，2013。
⑤ 江盈欣：《新手妈妈于虚拟社群之资讯行为》，淡江大学硕士学位论文，2016。

为，社群是人们聚集在一起分享共同信念和文化的实体，当实体转变为象征意义后，发展到网络中即成为虚拟社群。[①] 在崔嵬看来，虚拟社区具有如下特性：（1）相对于现实社区，虚拟社区存在于以互联网为中介的沟通过程之中；（2）在虚拟社区中，社区成员的互动行为具有聚集性；（3）虚拟社区成员身份相对固定。[②] 作为一种学术表达的"虚拟社区"也招来一些研究者的质疑和排斥。例如，也有一些研究者认为，"虚拟社区"一词暗含着这些社区是模拟的、不真实的镜像，因此倾向于以更为中性的"线上社区"代替"虚拟社区"。[③] 其实，这只是对"虚拟社区"的名称之争，而非"虚拟社区"之实质。就现实社会语境而言，当下，人们的日常生活不仅难以脱离虚拟社区而存在，两者还表现出愈加紧密的态势。因此，"虚拟社区"中的"虚拟"并非"真实"的反面："非物理"技术与超越物质场所并不意味着社区形态的"非真实"，成员身份的虚构也并不意味着社交互动与社区认同的"非真实"。[④] 由此观之，理解现代人的"在世存有"不能忽视虚拟社区在其中扮演的角色。

本研究继续使用"虚拟社区"这一概念，并将育儿微信群视为一种虚拟社区和网络社群的实践，同时认为它具有如下显著特征：（1）"虚拟社区"相对于"现实社区"，两者之间的界限日益模糊，且相互交织共存；（2）一定社会人群因某种共同的兴趣或需求而聚集在一起；（3）虚拟社区成员之间以互联网或其他现代信息传播技

---

① Fernback, J., *There Is There: Notes toward a Definition of Cyber-Community* (Thousand Oaks, CA: Sage Publications, 1999).

② 崔嵬：《在虚拟与现实之间——一塌糊涂 BBS 虚拟社区研究》，北京大学硕士学位论文，2001。

③ 〔美〕罗伯特·V. 库兹奈特：《如何研究网络人群和社区：网络民族志方法实践指导》，叶韦明译，重庆大学出版社，2016，第 3 页。

④ 王心远：《流动生活中的在线小区：中国新生代农村移民社交媒体使用的人类学研究》，《传播与社会学刊》2018 年第 44 期。

术为中介进行（频繁）线上互动。

3. 群体符号边界

本研究在对比分析新生代父母与父辈的育儿经验时，会使用到"群体符号边界"的概念。边界意味着差异和区隔，是自身与他者得以区分并表明差异的尺度，简而言之，群体符号边界（Symbolic Boundary）就是社会实践中有关群际差异的共识性的概念区分，从这个意义而言，群体符号边界也就是群际符号边界。[①] 社会学家米歇尔·拉蒙特（Michele Lamont）与马塞尔·富尼耶（Marcel Fournier）等较早对"符号边界"进行了系统性研究。他们细致区分了符号边界与社会边界：符号边界即是社会行动者对事物、人、实践、时间、空间的概念区分；社会边界是社会差异的客观化形式，表现为对资源（物质的和非物质的）和社会机会的不平等获取和不平等分配。[②] Jrvinen 和 Demant 指出，符号边界不是由原子化的个体创造的，在一定程度上也不直接反映个体的概念和态度，符号边界是人们相互关联、与更广泛的社会和文化机制相联系而产生的集体产物。[③]

社会科学家早期将符号边界看作促进社会团结、进行社会控制以及维持社会秩序的工具。近些年来，文化社会学家不再强调社会团结，而是强调符号边界在维持群体差异中的角色。[④] 符号边界存在于主体层面，将人分成不同的群体，产生相似感和群体归属感，

[①] 方文：《群体符号边界如何形成？——以北京基督新教群体为例》，《社会学研究》2005 年第 2 期。

[②] Lamont, M., Molnár, V., "The Study of Boundaries in the Social Sciences", *Annual Review of Sociology*, 28 (3), 2002, pp. 167 – 195.

[③] Jrvinen, M., Demant, J., "The Normalisation of Cannabis Use among Young People: Symbolic Boundary Work in Focus Groups", *Health, Risk & Society*, 13 (2), 2011, pp. 165 – 182.

[④] Cherry, E., "Shifting Symbolic Boundaries: Cultural Strategies of the Animal Rights Movement", *Sociological Forum*, 25 (3), 2010, pp. 450 – 475.

通常被用来强制、维持、规范或合理化社会边界，例如在阶级的区分中使用文化标记，也是人们获得地位和垄断资源的重要媒介。① 符号边界可以是清晰的，也可以是模糊的。② 宁晶、许放明从社会心理学维度，对一个大学生骑行俱乐部的研究发现，该趣缘社群通过内外部身份边界的塑造，建构其群体符号边界，而群体情感的运作是其符号边界再生产的关键。③ 在现代媒介技术与日常生活深度互嵌的情境下，现代媒介技术成为形塑群体符号边界的不可忽视的因素，例如："数字原住民""容器人""电视人"等概念。

在网络社会的语境下，虚拟社区成为人在世存有不可忽视的构成单元，因此，虚拟社区中虚拟社会群体的线上群体符号边界建构是亟须关注的问题。基于此，本研究采取"内部建构"的进路分析新生代父母群体线上群体符号边界如何建构的问题，这一分析进路的选择是"田野中"与"田野后"的一种理论自觉。

三 微信群里的"田野"

（一）微信民族志如何可能

解决本研究提出的问题仅靠坐在"书斋"里啃文献与玄思是不够的，亦是无力的，因此，这需要围绕研究对象展开长期而又深入的调查研究，只有通过充分的调查研究才能弄清楚新生代父母以微信群为中介的育儿行为。据此，笔者采取民族志（Ethnography）的

① Lamont, M., Molnár, V., "The Study of Boundaries in the Social Sciences", *Annual Review of Sociology*, 28 (3), 2002, pp. 167 - 195.

② Alba, R., "Bright Versus Blurred Boundaries: Second Generation Assimilation and Exclusion in France, Germany, and the United States", *Ethnic and Racial Studies*, 28 (1), 2005, pp. 20 - 49.

③ 宁晶、许放明：《青年趣缘群体符号边界的建构——以 XZ 户外俱乐部为例》，《当代青年研究》2016 年第 1 期。

研究方法，具体而言，本研究选取 W 微信群和 H 城育儿微信群（遵照质化研究的学术规范，文中出现的群名、人名均进行了匿名化技术处理）作为田野调查的地点，着手对新生代父母的微信群使用情况展开调查研究。那么，从方法论的意义上而言，笔者这样的操作是属于网络民族志的实践还是微信民族志的实践呢？归为哪一种比较贴切呢？

网络民族志，又被称为"在线民族志"（Online Ethnography）、"虚拟民族志"（Virtual Ethnography）、"赛博民族志"（Cyber Ethnography），即在网络虚拟环境中构建民族志的过程，是对传统民族志研究进行调整和改进的方法，用以探讨与互联网关联的社会文化现象。① 在美国著名网络文化研究者罗伯特·V. 库兹奈特（Robert V. Kozinets）看来，网络民族志有助于增进对在线世界的细致理解。② 一般意义上而言，只要是在网络空间或虚拟空间中展开的民族志研究都被称为"网络民族志"。然而，近年来微信作为一种社交应用得到广泛使用，相关数据显示，截至 2021 年 1 月，每天有 10.9 亿用户打开微信，7.8 亿人打开微信朋友圈，3.3 亿用户使用微信视频通话。③ 随着微信与人们日常生活的深度融合，微信在国内已经促使研究者们从方法论层面对其进行阐释与积极实践，提出了"微信民族志"的概念表述。④ 根据现有的对网络民族志与微信民族志的

---

① 卜玉梅：《虚拟民族志：田野、方法与伦理》，《社会学研究》2012 年第 6 期。
② 〔美〕罗伯特·V. 库兹奈特：《如何研究网络人群和社区：网络民族志方法实践指导》，叶韦明译，重庆大学出版社，2016，第 32 页。
③ 《微信用户量惊人！每天有 10.9 亿人打开微信，7.8 亿人进入朋友圈》，腾讯网，2021 年 1 月 20 日，https://new.qq.com/omn/20210120/20210120A00ZQ700.html。
④ 相关讨论与实践成果可参见赵旭东：《微信民族志时代即将来临——人类学家对于文化转型的觉悟》，《探索与争鸣》2017 年 5 期；赵旭东：《微信民族志与写文化——基于文化转型人类学的新观察、新探索与新主张》，《民族学刊》2017 年第 2 期；刘忠魏：《微信民族志：XT 水灾的微信民族志构想》，《思想战线》2017 年第 2 期；叶宏：《微信与民族志：田野、建构以及自媒体时代的人类学》，《玉溪师范学院学报》2017 年第 5 期；孙小晨：《95 后大学生人际互动过程与模式分析——基于微信民族志研究范式》，《丽水学院学报》2018 年第 4 期。

讨论和认知，本研究认为采取"微信民族志"的称谓是更为恰当与准确的。

　　进而言之，随着互联网时代的到来，民族志从传统意义上的民族志进化到"网络民族志"。在微传播时代，"微信民族志"又正在兴起。从传统意义上的民族志，到"网络民族志"，再到"微信民族志"，方法创新折射出不同社会语境为民族志带来新的内涵与实践的可能性。作为一个具有中国实践特色的分析方法，目前在中国语境下，扎根中国本土，围绕"微信民族志"，学者们形成了一些基本的判断和认识。譬如，唐魁玉与邵力认为，微信民族志是对微生活的新建构，微生活指涉一种新的交流方式、交往方式、传播方式，借助微博、微信等网络平台来实现的人与人之间的交流与沟通。① 在《微信民族志时代即将来临——人类学家对于文化转型的觉悟》中，赵旭东认为，在微信情境中，传统的人与人之间面对面的身体在场式互动，被整体迁移到网络虚拟空间中，由此，现实生活转变为一种虚拟生活，进而他指出，对中国而言，由微信群所带动的生活方式的变革，将有力地重塑大众表达与建构日常生活的新空间、新实践，这意味着微信民族志时代的来临。② 叶宏细致辨析了"微信的民族志"、"微信民族志"与"微民族志"。③ 唐魁玉和邵力认为，"所谓微信民族志，就是指基于移动互联网的网络现实空间或微信社群的田野工作的文本及参与观察记录"④。基于此，本

① 唐魁玉、邵力：《微信民族志、微生活及其生活史意义——兼论微社会人类学研究应处理好的几个关系》，《社会学评论》2017 年第 2 期。
② 赵旭东：《微信民族志时代即将来临——人类学家对于文化转型的觉悟》，《探索与争鸣》2017 年第 5 期。
③ 叶宏：《微信与民族志：田野、建构以及自媒体时代的人类学》，《玉溪师范学院学报》2017 年第 5 期。
④ 唐魁玉、邵力：《微信民族志、微生活及其生活史意义——兼论微社会人类学研究应处理好的几个关系》，《社会学评论》2017 年第 2 期。

研究认为，微信民族志是民族志的一种新兴类型，是以微生活为关注对象，在微信社区/社群内展开的民族志研究。微信民族志遵循民族志研究的基本操作方法，同时具有区别于一般网络民族志所表现出的特征，在下文资料获取章节具体论述了微信文本的风格。

目前，国内外学术界大多在上述意义上展开微信民族志的相关研究。例如，彭晨、罗翔宇以一个土家村落为研究场域，通过实地民族志和微信民族志的方法，以现实空间和虚拟空间的双重视角观察微信对土家村民家庭关系的深层改变，从而"深描"武陵山区土家村落家庭生活中的社交媒体图景。[1] 孙小晨以微信民族志为取向，对大学生微生活情境中人际互动模式进行探讨。[2] 沙垚基于陕西关中庙会微信群的民族志考察乡村人际关系和文化秩序的再生产。[3]

不管是网络民族志还是微信民族志，都是基于下述两点的一种回应。

首先，线上虚拟世界已经成为人之在世存有图景中不可或缺的重要构成单元。每年中国互联网络信息中心（简称"CNNIC"）发布的我国互联网络发展统计报告能够比较准确、全面地反映互联网在中国普通民众日常生活中的现实图景和整体状况。《第44次中国互联网络发展状况统计报告》数据显示，截至2019年6月，我国网民规模达8.54亿，其中即时通信用户规模达8.25亿。[4] 以下是中国互联网络信息中心最新发布的《第44次中国互联网络发展状况统计报告》部分数据内容的摘引。

---

① 彭晨、罗翔宇：《空间变迁与关系重构：微信绘制的土家村民家庭图景——对一个土家村落的民族志研究》，《湖北民族学院学报》（哲学社会科学版）2019年第6期。
② 孙小晨：《95后大学生人际互动过程与模式分析——基于微信民族志研究范式》，《丽水学院学报》2018年第4期。
③ 沙垚：《乡村人际关系和文化秩序的再生产——基于陕西关中庙会微信群的民族志考察》，《中国新闻传播研究》2018年第1期。
④ 中国互联网络信息中心：《第44次中国互联网络发展状况统计报告》，2019年8月。

截至 2019 年 6 月，我国网络购物用户规模达 6.39 亿，较 2018 年底增长 2871 万，占网民整体的 74.8%；手机网络购物用户规模达 6.22 亿，较 2018 年底增长 2989 万，占手机网民的 73.4%。

截至 2019 年 6 月，我国网上外卖用户规模达 4.21 亿，较 2018 年底增长 1516 万，占网民整体的 49.3%；手机网上外卖用户规模达 4.17 亿，较 2018 年底增长 2037 万，占手机网民的 49.3%。

截至 2019 年 6 月，我国网络支付用户规模达 6.33 亿，较 2018 年底增长 3265 万，占网民整体的 74.1%；手机网络支付用户规模达 6.21 亿，较 2018 年底增长 3788 万，占手机网民的 73.4%。

截至 2019 年 6 月，我国在线教育用户规模达 2.32 亿，较 2018 年底增长 3122 万，占网民整体的 27.2%；手机在线教育用户规模达 1.99 亿，较 2018 年底增长 530 万，占手机网民的 23.6%。

从这些数据中可以管窥到当下互联网在中国普通民众日常生活实践（例如：手机上网、网络新闻消费、网络购物、网上外卖、网络支付、网约车、在线教育等）中的结构性位置，这些数据也是中国普通民众日常生活之线上虚拟世界的一个小小缩影。20 世纪后半叶以降，互联网成为重构人之在世存有的一股结构性力量。由于信息传播技术（Information and Communications Technologies）遍布当今社会生活的各个领域，越来越多的社会科学家得出这样的结论：如果不将以互联网和计算机为中介的沟通形式吸收到研究中，他们将再也不能充分地了解社会和文化生活中许多重要的方面，在线社会生活与线下社会生活混合成一个真实生活的世界。① 此外，网络虚拟空间与现实生活空间的异质性使得作为一种传统人类学研究方法的民族志遭到方法论上的质疑和挑战，因此，不同学科领域的研究者们提出使用虚拟民族志的方法探讨与互联网关联的社会文化现象。② 这逐渐成为一种研究互联网与日常生活的方法取向。

其次，作为一种定性研究方法的网络民族志与微信民族志能够促进人们对线上世界的细致理解。与量化研究取向相比，定性的实地研究方法的优点是可以观察一些不易转化为数字的案例或不宜简单定量的社会研究或研究议题，同时这种研究方法能够对研究对象进行深入而周全的了解。③ 现有与本研究相关的一些研究采取了量化问卷调查的方法，纵览这些研究难以细致、准确、生动理解（新手）母亲育儿的鲜活实践，单调的统计数字掩盖了育儿行为及其可能产生的多元性、复杂性、独特性影响。正如库兹奈特所指出的，网络民族志能够增进人们对线上社会世界与文化意义系统的理解。

在本研究中，一个难以回避的问题是，微信民族志的研究方法在多大程度上是科学的？这一问题在网络民族志中同样存在，或者说，这依然是网络民族志中一个令人棘手的问题。这背后折射出的不仅是对微信民族志与网络民族志方法的诘问，更是点明了定性研究（或质化研究）面临的知识性危机。这也是一个关乎方法论的宏观话题，论者纷纷。这里，本研究无意专门针对此话题展开探讨。概而言之，作为社会科学的一种定性研究方法，微信民族志与网络民族志研究方法很难像自然学科那样具有严谨的"科学"性。但是，从实践操作的层面来讲，本研究认同一位研究者的观点，"如

---

① 〔美〕罗伯特・V.库兹奈特：《如何研究网络人群和社区：网络民族志方法实践指导》，叶韦明译，重庆大学出版社，2016，第3页。
② 卜玉梅：《虚拟民族志：田野、方法与伦理》，《社会学研究》2012年第6期。
③ 张领：《流动的共同体：农民工与一个村庄的变迁》，中国社会科学出版社，2015，第15页。

果我们的研究不回到事实本身，不'参与'和'全浸'到研究对象的日常活动中，我们就无法深入而又周全地了解研究对象的态度及行为"①。基于此，本研究将"微信民族志与网络民族志的研究方法在多大程度上是科学的？"这一元追问在研究实践中转化为"微信民族志与网络民族志的研究方法在多大程度上或曰如何保障其科学性？"在这样的观念下，本研究侧重保障"资料搜集"与"资料分析"的科学性。

　　不管是传统意义上的民族志还是网络民族志，资料"好像是地上的树叶或是桌上的文件一样四处散开"，而获取资料的"工作就是简单地把它们聚集到一起，然后收集起来"。②然而，微信民族志的资料获取原则与此十分不同，首先，微信民族志研究者需要"受到邀请"或"被拉进"才能够成为群体中的一员，才能获得该群的第一手资料。同时，研究者在群中还要经常参与交流，保证其群成员的身份，即在"参与互动中"完成微信群的线上田野工作。其次，研究者在获得文本材料时，应该保证文本的原样，微信群的互动文本包含文字、语音、图片、表情、视频、转发链接等多种类型，这些类型的文本需要研究者认真细致地将其保持原样并记录下来。③

　　总而言之，以微信民族志与网络民族志的进路研究线上虚拟世界已经得到国内外不少研究者的关注和实践，这些可贵实践为本研究提供了可资借鉴的经验。我们为什么需要微信民族志？如果我们将这一追问转换为"我们为什么需要网络民族志"，答案似乎更加

---

① 张领：《流动的共同体：农民工与一个村庄的变迁》，中国社会科学出版社，2015，第16页。

② 〔美〕罗伯特·V.库兹奈特：《如何研究网络人群和社区：网络民族志方法实践指导》，叶韦明译，重庆大学出版社，2016，第114页。

③ 唐魁玉、邵力：《微信民族志、微生活及其生活史意义——兼论微社会人类学研究应处理好的几个关系》，《社会学评论》2017年第2期。

有迹可循。网络民族志领域的先行者库兹奈特较早敏锐地意识到这一问题，在他看来，当我们考虑是否需要一个特殊的新名词时，需要考虑一个关键因素，即我们所要讨论的东西在实质上是否存在显著差别，也就是说，在互联网和信息技术所建构的虚拟世界里进行文化研究与传统的民族志研究者在现实社区中展开文化研究真的有差别吗？他认为，答案是肯定的，"线上社会的经验与面对面的社会经验是有本质差别的，因此对它们进行民族志研究也有明显的差异"①。2000年社会学家斯莱特（Peter Slater）与人类学家米勒（Daniel Miller）合著的《互联网：一项民族志研究》以及海因（Christine Hine）的《虚拟民族志》相继出版，这在一定程度上意味着此时社会科学研究者开始有意识地探索网络民族志的社会科学研究方法内涵与原则，同时一些研究实践也不断涌现，例如，琼斯（Rodney Jones）对男同性恋聊天室的研究②，高崇、杨伯溆对 QQ 群组的虚拟民族志研究③，沙垚④、孙信茹⑤对微信群展开的民族志研究等。这些可贵的实践为本研究提供了可资借鉴的经验。

（二）两个线上田野调查点的选择

对于民族志研究而言，田野调查点的选取至关重要。本研究选

---

① 〔美〕罗伯特·V. 库兹奈特：《如何研究网络人群和社区：网络民族志方法实践指导》，叶韦明译，重庆大学出版社，2016，第 6 页。

② Jones, H., "You Show Me Yours, I'll Show Me Mine: The Negotiation of Shifts from Textual to Visual Modes in Computer-Mediated Interaction among Gay Men", *Visual Communication*, 4 (1), 2005, pp. 69 – 92.

③ 高崇、杨伯溆：《基于兴趣的社会交往：同乡社会网络内的交往逻辑——基于 "SZ 人在北京" QQ 群组的虚拟民族志研究》，《北大新闻与传播评论》2013 年第 1 期。

④ 沙垚：《乡村人际关系和文化秩序的再生产——基于陕西关中庙会微信群的民族志考察》，《中国新闻传播研究》2018 年第 1 期。

⑤ 孙信茹：《微信的 "建构" 与 "勾连"——对一个普米族村民微信群的考察》，《新闻传播与研究》2016 年第 10 期。

取 W 微信群和 H 城育儿微信群①（遵照质化研究的学术规范，文中出现的群名、人名均进行了匿名化技术处理）对新生代父母的微信群使用情况展开长期而深入的民族志调查研究。之所以选择这两个微信群作为田野调查的场域，是因为经过一段时间的观察，笔者发现这两个微信群具有以下显著特征：一是两个微信群中的成员几乎全部为新生代父母，具有相似的育儿焦虑，其中 W 微信群成员的孩子为同年同月出生，这使得他们之间具有一种"天然"的亲密性；二是虽然两个微信群的成员均维持在 300 人左右，但群里的交流却十分活跃，通常情况下，如果一天不打开微信群，便会有五六百条的"未读消息"，并且群成员的在线交流通常持续时间较长。例如，2020 年 5 月 17 日晚，笔者打开了两天未读的 W 微信群，显示有 1590 条未读消息。又如，2018 年 5 月 10 日，当时已是深夜，W 微信群内依然热闹不已，一位成员见状劝大家早点休息，有人随即回复道，"舍不得睡，熬的不是夜，是自由"，这得到不少群内成员的共鸣，立即进行"舍不得睡，熬的不是夜，是自由 + 1"式的回应。

具体而言，W 微信群脱胎于一个名为"快乐成长"育儿讲堂的公益性微信群，该群主要是以同年同月出生的孩子的新生代父母为构成成员，并以传播育儿知识为基本功能。囿于种种原因，不足一年的时间，这一微信群面临解散的窘境。解散该群之前，群主在群内发布通告说："@ 所有人，各位小伙伴中午好！感谢大家一直以

---

① 有研究者认为，微信群的类型可以按群体关系类别对其进行划分，包括一般化类型和个性化类型。一般化类型是指个体在成长中普遍拥有的一般社会化过程所包含的群体关系，如同学关系类型、同事关系类型、家族关系类型等。个性化类型是指个体根据自身的兴趣爱好形成的特殊群体关系类型，如购物群体类型、旅游群体类型、摄影群体类型等。参见唐魁玉、邵力《微信民族志、微生活及其生活史意义——兼论微社会人类学研究应处理好的几个关系》，《社会学评论》2017 年第 2 期。按照这样的观点，本研究中的两个微信群都属于后一种类型，即个性化类型。

来对育儿讲堂的支持，现在讲堂正进入飞速发展的阶段，目前处于人手严重不足的状态。目前在该群的维护上没有办法投入更多的精力了，所以我们一直有解散的打算。"她紧接着继续写道："感谢大家这一路的相伴，本群将于3月6日解散，还望相互转告知悉，愿各位在将来的日子，做更好的自己，更好的妈妈，愿各位宝贝，健康，快乐，平安。祝好。"这一通告发出后，群内不少新生代父母纷纷想各种办法试图留住这个微信群，正如该微信群中一位成员提议说："真的恳请不要解散群，直接撤销搜索知识功能就可以了。"尽管如此，依然未能避免该微信群被解散的命运。此时，古道热肠的新生代父母提出自发地另外组建一个新微信群，由此，W微信群便被组建起来。组建后，群内成员卫华感慨道："还好昨天速度快，立即建了新群，人虽少也不一定是坏事〔偷笑〕，希望我们的新群，供大家单纯的聊聊娃、晒晒娃、吐吐槽、败败家，一起成长，一起分享！"Zhangxiao说："希望我们这个群长久的保持下去，不为利害，只为育儿，和抚慰那颗宝妈的心〔拥抱〕〔拥抱〕生活还是要继续，收拾下心情，加油！"

这件事在经验层面反映出，该育儿微信群成员对该微信群的强烈的认同感。认同（Identity）是一种个人与他人、群体在情感上、心理上趋同与认可的过程，这折射出新生代父母对该育儿微信群的强烈群体认同感。在群体情感理论（Intergroup Emotions Theory）的视角下，情感是建构群体身份认同的必要因素，或者说，群体身份认同本身就是一种情感表达和情感诉求，通常以积极的情感体验为存在形式，它表达出对内群体的"热爱"以及对外群体的"不热爱"。[1]

W微信群虽然仍主要由原微信群的成员构成，但两者有一个本

---

① 聂文娟：《群体情感与集体身份认同的建构》，《外交学院报》2011年第4期。

质的区别，即在"快乐成长"育儿讲堂的公益性微信群中存在知识权威，群内的管理员是专业的医护人员，不仅负责群内秩序的维护，还负责育儿知识的传播；而在 W 微信群中，这个知识权威消失了，群内成员之间是平等的、自由的，所以，群内的活跃程度比之前更高。同时，这也有赖于群成员共同遵守群内规范，该群的公告阐明了群内规范："入群的宝贝们记得按照要求改名字喔，城市 +宝宝出生日期 + 昵称，本群禁止擅自私加好友，要先在群里征得对方同意喔。不要在群内打广告买卖物品，如有和育儿相关的好物推荐必须先要征得群主同意，否则一律清除。"

当然，维护群内交流的纯洁性离不开成员的共同努力。有一次，一个人以同月龄孩子的母亲的名义加入了该群，其实为水果店微商，并擅自添加群内成员为好友，这一行为很快被一些成员"揭露"出来，群主 TFG 在群内对此进行了通告："@果园 亲，本群禁止私加好友，如是 L 月宝妈请改名，24h 内再有群成员举报或再不改昵称我要把你请出群喽，如有群成员私加好友欢迎大家及时向我回馈，大家共同维护咱们自己的家。"这一通告迅速引起了大家的响应，夏天说："刚刚又加我。"杨太阳说："这个人干吗，也要加我，还没确认。"淘气宝儿也表示："那个人也加我了，我没同意。"苏若白杨在群内提醒道："也请@真 @fmh @小柒 @爱玲 @小叶子芬芬 按规定修改群昵称哦。"约半个小时后，群主 TFG 在群内说："谢谢大家回馈，她已经自己退群了，我搜不到这个人了。"

截至 2019 年 3 月 28 日，该微信群共有成员 187 人（笔者除外），群内成员不只局限于某一座城市，而是分布在全国 19 个省、4 个自治区（目前无来自西藏自治区的成员）、4 个直辖市，还有 1位居住在国外，W 微信群成员的地域分布情况见表1－1。这些特征标识了该微信群具有一定的典型性和代表性，进一步激发了笔者的研究兴趣。

表1-1　W微信群成员的地域分布情况

单位：人，%

地域	人数（百分比）	地域	人数（百分比）	地域	人数（百分比）
浙江	42（22.46）	安徽	5（2.67）	海南	1（0.53）
广东	23（12.30）	云南	5（2.67）	内蒙古	1（0.53）
深圳	20（10.70）	上海	5（2.67）	河北	1（0.53）
江苏	10（5.35）	北京	3（1.60）	江西	1（0.53）
湖南	10（5.35）	山西	3（1.60）	广西	1（0.53）
山东	9（4.81）	新疆	3（1.60）	宁夏	1（0.53）
河南	8（4.28）	四川	3（1.60）	陕西	1（0.53）
福建	8（4.28）	重庆	2（1.07）	国外	1（0.53）
湖北	6（3.21）	吉林	2（1.07）	其他（不明）	4（2.14）
贵州	6（3.21）	天津	2（1.07）		

第二个微信群为H城育儿，与W微信群不同的是，虽然H城育儿群内成员的子女并非同年同月出生，但他们均来自同一个省份。截至2019年3月28日，该群共有成员301人（笔者除外）。该群同样拥有严格的群规：

以下群规请仔细阅读，如果认可并能遵守发邀请给你。如果经群里成员举报违反群规，立即移除。1. 本群为零商业育儿互助群，群内不商业、不团购、不拉票、不许随意加人，不发布任何购物链接，如若有群员举报，由管理小助手负责将其清退，并将其列入育儿互助群各群的黑名单中。2. 我们鼓励家长互助育儿，积极分享。群内成员互助答疑，但请避免提供任何医学建议。我们也鼓励大家积极分享其他有正规出处的科普育儿文章。中药、中成药、中药注射液等副作用不明，不要推荐给其他家长。其他药物也请不要随意推荐……

这两个微信群内秩序的维护不仅依靠群规，还有赖于群主的管理，群主并不是一直由一个人担任，而是由群内成员轮流担任。W微信群建立后不久，发起人之一 TFG 在群内说："好啦，通过大家举荐和自荐，现在公布下咱们的管理员名单……辛苦各位帮助大家一起维护咱们的家，过一段时间也可以轮换一下，大家都来参与呀。管理员负责的工作：（1）审核通过加人；（2）有发广告、投票、不科学育儿信息的及时提示、更正，情节严重、提示不改的，可以踢人；（3）大家如果发现有人未经在群里征得你的许可私加微信，可以向任一管理员举报。"

微信群对于新生代父母具有一种非凡的意义。例如，卫华说，"天南地北的妈妈们，同年同月甚至同日出生，很难得聚一起，一起分享宝宝的成长，成长路上可以相互为伴"。泡泡沫表露了同样的心声："有这个群在心里都踏实些，习惯了你们的陪伴。"

（三）研究资料获取与分析

民族志作为一种研究范式，使新闻传播学研究的问题意识从"文本"和"实验"走向了"田野"，更加贴近鲜活的日常生活经验。① 一言以蔽之，民族志作为一种研究范式对于新闻传播学研究的意义在于从人们日常生活经验的场域之中发现和理解新闻传播的问题。本研究的灵感也是来源于对当下日常生活经验的观察与反思。在谈及网络民族志的资料搜集时，库兹奈特认为，在网络民族

---

① 王继周、陈刚：《民族志与新闻传播学知识生产的全球图景——基于 45 份 SSCI 期刊文献的知识计量学研究》，《新闻大学》2019 年第 3 期。

志中使用"资料"和"搜集"这样的术语实际上并不贴切，因为在他看来，它们好像在暗示，"资料"好像是地上的树叶或是桌上的文件一样四处散落，而研究者的工作就是把他们聚集到一起，然后"收集"起来。本质上而言，在网络民族志中，资料搜集意味着与一种文化或社区的成员进行交流，不管使用哪一种方式，它都需要与社区成员有相应的卷入、参与、联系、分享、合作——不是与网站、服务器或键盘交流，而是与另一端的人交流。[①] 微信民族志的资料搜集工作遵循同样的逻辑。基于此，本研究的资料搜集主要由两种方法组成，即线上参与观察和深度访谈。具体言之，本研究所使用的研究材料源于笔者自 2018 年 3 月（2018 年 3 月进入 W 微信群，2018 年 4 月进入 H 城育儿微信群）到 2020 年底的群内参与观察和深度访谈。此外，在研究过程中，笔者发现两个微信群中的数据体量较大，鉴于此，在研究资料的搜集与使用中主要以 W 微信群为重心，以 H 城育儿微信群为对照。

其实，在线上参与观察的过程中，笔者具有两种身份与角色，即作为新生代父母中的一员与作为研究者同时存在于这两个虚拟社区内。作为新生代父母中的一员有时会短暂忘记自己作为研究者的身份，像其他群成员一样表达困惑、寻求帮助，从这个意义上而言，本研究具有一种潜在的自我民族志的意味。而作为研究者的身份要求笔者客观中立，那么，如何在这两个角色之间把握平衡呢？在处理这个问题时，笔者的一个具体策略是，在参与观察过程中，笔者虽然有时会发表意见和参与群内讨论，但是并不刻意干预微信群议题的走向，亦不主动设置讨论议题，只是"适宜"地参与讨论，笔者的参与并不改变所讨论的话题的性质，只是适时表达一位

---

① 〔美〕罗伯特·V. 库兹奈特：《如何研究网络人群和社区：网络民族志方法实践指导》，叶韦明译，重庆大学出版社，2016，第 114 页。

新生代父亲的声音，更多的是客观地观察和记录。从另一个意义上而言，在这两个微信群中，笔者首先是作为众多新生代父母中的一员而存在的，其次才是一名研究者的身份，亦正是作为新生代父母的共同体验才催生了笔者研究和关注该议题的兴趣。即使抹除研究者的身份，笔者依然作为新生代父母中的一员存在于其中。这为本研究增添了一份独特的体验，从这个角度而言，这项研究是一份"我群"的建构和反思。在线上参与观察中，笔者将群内讨论的内容进行初步的归类处理，重复的议题标注出来，并按照日期建立资料库，部分内容如图1-1所示。

2018.05.02代际间"育孩"观念的冲突	2018/5/5 15:46
2018.05.02购物咨询	2018/5/12 10:22
2018.05.03协商性知识	2018/5/12 10:26
2018.05.03医患关系	2018/5/5 15:54
2018.05.04 婆媳关系	2018/5/12 10:24
2018.05.04孩子发烧	2018/5/5 16:03
2018.05.07水果店微商退群	2018/5/12 10:31
2018.05.10熬的不是夜是自由（自我的空间）	2018/5/12 10:29
2018.05.11讨论热点新闻事件（滴滴案）	2018/5/29 21:17
2018.05.12"留守宝妈"的烦恼	2019/3/22 12:15
2018.05.13 良性翁婿关系	2018/5/29 21:22
2018.05.25宝宝学英语的争议	2018/5/29 21:20
2018.05.30线下约见	2018/5/30 22:03
2018.5.28夫妻关系对孩子影响的讨论	2018/5/30 22:00
2018.06.04宝宝发烧求助全过程	2018/6/5 9:08
2018.06.04国外妈妈	2018/6/5 9:03

图1-1　笔者建立的线上参与观察资料库（部分截图）

此外，就微信文本的特征而言，有研究者提出，微信文本具有"语句较短""句子结构不完整""文字、表情、语言等形式的杂糅"特征，所以，在对微信群的文本进行收集的过程中，需要研究者认真细致地将文本保持原样记录下来。[①] 因此，将作为研究资料

---

① 唐魁玉、邵力：《微信民族志、微生活及其生活史意义——兼论微社会人类学研究应处理好的几个关系》，《社会学评论》2017 年第 2 期。

的微信文本信息保持原样地记录下来不仅是微信文本多媒体特征的本质要求，也是保证研究资料原貌与真实性的客观要求。基于此，笔者在相关微信文本资料信息的引用中也尽可能呈现其原貌。

就深度访谈本身而言，一般认为，深度访谈是由研究者和受访者双方共同建构的一个言语事件。杨善华与孙飞宇认为，访谈过程应以受访者日常生活及生活史的结构为结构，以便发现问题、追究问题，最后再讨论个案的普遍性意义。① 在民族志研究中，参与观察与深度访谈是一体两面。本研究认为，线上深度访谈是线上参与观察后的一种方法实践与自觉。马林诺夫斯基曾告诫说："你要在那里长期住下来进行参与观察，对整体的世界有你自己的理解之后才可以进入访谈阶段，你才会有自己的判断：受访人给你的信息在多大程度上是真实的？多大程度上是有意隐瞒的？"② 所以，虽然目前研究者们习惯于将民族志理解为以参与观察和深度访谈为获取研究资料的手段，但是，在一些研究者看来，民族志应该与深度访谈保持距离，尤其是在开展田野工作的早期，以至于有研究者呼吁："民族志不等于访谈，民族志方法也不尽是访谈，它甚至不是最主要的获取研究资料的方式。"③至少就研究程序而言，参与观察应该优先于深度访谈。譬如，社会学家欧文·戈夫曼（Erving Goffman），非常善于使用民族志的研究方法，但我们从《日常生活中的自我呈现》《公共场所的行为》中很少能够看到戈夫曼对田野工作中访谈资料的直接使用。因此，如果让人类学研究者在"参与观察"和"深度访谈"两个具体研究手段中只选择一个用以描述他们所从事研究的方法，那么，可能大多数的人类学研究者会选择"参与观察"。直到

---

① 杨善华、孙飞宇：《作为意义探究的深度访谈》，《社会学研究》2005 年第 5 期。
② 阎云翔：《小地方与大议题：用民族志方法探索世界社会》，《世界民族》2014 年第 1 期。
③ 王晴锋：《反思社会研究中作为方法的深度访谈》，《云南社会科学》2014 年第 1 期。

20世纪六七十年代之后，在西方社会科学的经验研究中，直接引用访谈对象的话语的情况开始大量出现，在许多学术论文和调查报告中充斥着受访者的直接引语，以突显访谈对象的主体地位。[①]（深度）访谈作为一种研究方法受到越来越多社会科学研究者的青睐，在此趋势的影响之下，新闻传播学领域有学者到某社区展开短期（深度）访谈便宣称自己是在进行民族志研究，不得不说这是对民族志研究的一种误解，关于这一点笔者做过一些梳理与讨论[②]。细心的研究者可能会提出"参与观察"与"深度访谈"并非二元对立的关系，而是彼此包含、融为一体的。限于篇幅和研究的目的，这里对此暂不进行进一步讨论。

基于此，笔者谨慎且灵活地使用线上深度访谈方法以及凭此获取的研究资料。具体而言，本研究在运用深度访谈方法时具有两个特征：一是较少独立使用且在参与观察之后使用；二是与访谈对象建立长期联系，多次访谈。线上深度访谈提纲主要围绕"哪些因素促使你在育儿微信群内分享育儿困惑，并寻求帮助？""你会在多大程度上信任与采纳其他群内成员给出的建议，为什么？""这个微信群对你的育儿实践产生了什么影响？"等问题进行。

库兹奈特认为网络民族志的资料搜集工作包括获取三种资料：第一种是档案资料，即研究者直接把线上社区成员的在线交流与沟通记录收集起来作为档案资料，研究者并不直接参与制造或引出这些资料；第二种是引导资料，研究者与文化成员通过个人和社区成员互动，共同创造这些资料，如电子邮件、聊天或聊天式访谈都是引出网络民族志资料的过程；第三种是田野笔记资料，这不仅包括

---

① 王晴锋：《反思社会研究中作为方法的深度访谈》，《云南社会科学》2014年第1期。
② 关于这一讨论可参见陈刚、王继周《中国大陆传播研究民族志进路的逻辑、问题与重塑——基于四本学术期刊及相关研究文献的考察》，《现代传播》2017年第7期。

研究者对社区、成员等的观察，还包括研究者自身的参与和对成员身份的理解与反思。① 本研究主要是基于前两种资料（档案资料和引导资料）而展开研究。

对民族志田野调查来说，对原始材料的细致呈现是其可贵之处。正如郭建斌所言，"对于民族志文本而言，描述始终是这类文本的一大特色，甚至有些描述，本身也是具有分析的色彩的，同时，民族志文本，又不仅仅是描述"②。因此，研究者对于民族志文本的处理通常不外乎以下这三种方式。一是单纯通过讲故事的方式将田野调查所获得的原始研究资料描述出来，原始研究资料本身便具有重大价值或意义，其本身长期为人忽视或难以获取，这种取向近年来在民族志田野研究中比较少见。二是先把"民族志"与"分析"截然分开，即通过民族志叙述呈现原始材料，再对其展开理论分析，这是一种独特的民族志文本结构安排，例如，保罗·威利斯（Paul Willis）的名著《学做工：工人阶级子弟为何继承父业》与项飙的《跨越边界的社区：北京"浙江村"的生活史》就是采取如是结构。三是一边呈现田野调查所获得的原始材料，一边按照一定的视角或研究框架进行分析，这种取向的结构方式较为常见。本研究亦是采取如是叙述方式。

第三节　新生代父母媒介化育儿的价值旨归

育儿的相关问题在社会学、心理学、教育学、医学等领域已得

① 〔美〕罗伯特·V. 库兹奈特：《如何研究网络人群和社区：网络民族志方法实践指导》，叶韦明译，重庆大学出版社，2016，第116页。
② 郭建斌：《在场：流动电影与当代中国社会建构》，上海交通大学出版社，2019，第33页。

到一些研究者的关注。但随着社交媒体与日常生活的深度互嵌，社交媒体正在建构新的育儿实践，而这一现象在国内尚未引起传播学研究者的足够重视。据笔者的参与观察和深度访谈发现，新生代父母倾向于以社交媒体为中介展开育儿之事，进而言之，他们将"如何育儿"的疑惑以及由此产生的焦虑置于社交媒体的具体情境之中。如是背景下，本研究主要通过微信民族志方法调查研究新生代父母媒介化育儿实践及其影响。据此，本研究的开展具有如下理论意义和实际应用价值。

一 理论价值与意义

本研究的理论价值主要体现在以下两个方面。

1. 整合新闻传播学、社会学、医学等多学科的理论和方法，通过民族志调查细致考察新生代父母媒介化育儿的可能性，这对深入理解中国社会场景下的"媒介化育儿"具有重要价值。"社交媒体育儿"（指将社交媒体应用于育儿实践）近年来在国际学术界已成为一个热门话题，得到人类学、社会学、医学、教育学、传播学等领域研究者的关注，而在中国社会结构中新生代父母如何使用社交媒体展开育儿实践等问题尚未引起足够重视。据此，本研究对于探讨新生代父母与社交媒体的关系，厘清中国场景下的"媒介化育儿"实践具有重要理论价值。

2. 运用多学科的理论资源，通过代际育儿经验比较，揭示媒介逻辑如何形塑新的育儿实践，同时，进一步呈现中国社会结构中社交媒体与人的复杂关系。以社交媒体为表征的新媒介技术是观察社会的一个窗口，而新媒介技术实践又镶嵌于特定的社会结构中。因此，本研究以媒介化为理论视角，通过聚焦中国社会结构中新生代父母这一群体，研究其育儿的微信群使用情况及影响，将"社交媒体""新生代父母""育儿实践"三者勾连起来，这将为考察特定社会结构中社交媒体与人的复杂关系提供新的可能性，丰富和拓展数字时代媒介化育儿的理论视野。

二　实际应用价值与意义

党的十九大报告提出了"新时代坚持和发展中国特色社会主义的基本方略"，共"十四个坚持"，在第八条基本方略"坚持在发展中保障和改善民生"中，新提出了"幼有所育"。2017 年 12 月，中央经济工作会议进一步提出要"解决好婴幼儿照护和儿童早期教育服务问题"。2021 年 8 月 20 日经全国第十三届人大常委会表决通过的新修《中华人民共和国人口与计划生育法》规定，"一对夫妻可以生育三个子女"。[①] 在这样的社会背景下，本研究的开展具有如下两方面的实际应用价值与意义。

一方面，促进新生代父母对社交媒体的理性认知，提升其新媒体素养，进而更好地服务于育儿实践。《2018 年度中国家庭孕育方式白皮书》指出，当下，"90 后""95 后"已成为中国生育的主力军，两者占比超半数。新手妈妈占比较 2016 年增长 7%，孕妈增长 12%，正式取代了"80 后"在生育方面的主导地位，其中，"95后"辣妈开始成为一支不可忽视的重要力量。[②] 本研究的开展将有益于提高新生代父母对社交媒体的认知，进而更好地服务于育儿实践。在社交媒体与日常生活深度互嵌的社会情境下，社交媒体成为

---

① 《让年轻人"生得起""养得起"三孩政策和配套措施入法》，新华网，2021 年 8 月 23 日，http://www.xinhuanet.com/health/20210823/6ceec34e08334361b55ac697f24e3456/c.html

② 佚名：《90 后、95 后已成中国生育主力军》，https://www.163.com/dy/articly/DSO027B6051494RM.Html。

新生代父母获取育儿资源以及增强父职或母职主体性的重要途径。本研究将考察作为社交媒体的微信群在新生代父母育儿实践中所扮演的角色，以此提高新生代父母对社交媒体的认知，提升其新媒体素养，进而更好地服务于育儿本身。

另一方面，本研究力图为引导新生代父母在育儿实践中合理使用社交媒体提供有益借鉴。媒介化育儿已成为新的生养抚育实践，本研究在运用民族志方法细致呈现新生代父母的微信育儿行为的基础上，进一步考察其对新生代父母育儿以及日常生活可能产生的影响。这为认识以及规避媒介化育儿实践中潜在的风险与负面影响提供借鉴。同时，从社会现实的层面看，"新生代父母如何理性地与媒介互动"是一道现实难题，本研究通过对这些问题的反思，有助于促进新生代父母与媒介的良性互动关系构建。

第四节　本书的研究框架

本章前面已经对研究背景、研究问题以及研究方法等内容进行了必要交代和讨论。新生代父母育儿行为与新媒介技术的互动关系以及其可能产生的影响，在孩子生命历程的不同阶段，是大相径庭的。在本研究展开之时，在两个育儿微信群中，新生代父母的孩子基本处于 0 ~ 3 岁的阶段。与以往研究的动机与策略不同，本研究在探讨新媒介技术与新生代父母育儿行为互动关系时，注重"代际""家庭"等因素，这是基于当下中国新生代父母育儿现实经验的考量。

第二章以"育儿""网络社群""新生代"为关键词追溯了以往相关研究的发展脉络与现实状况，这有助于我们理解新生代父母以微信群为中介的育儿行为在现有相关研究中的位置以及该议题的重要性。那么，在何种理论框架与视角下讨论该议题呢？本研究从媒介技术的层面观察新生代父母的育儿行为，自然而然地将"媒介化"作为理论分析框架，第三章对此进行了相关讨论。

第四章和第五章通过"深描"育儿微信群内的交往行为，在理论层面致力于探讨媒介化育儿在育儿微信群这一场景中是如何发生的，以及其有可能产生的影响。在这两章中，笔者分别考察了新生代父母以微信群为中介的育儿行为对家庭代际关系和对新生代父母自身的多元影响。

紧接着，对媒介化育儿之文化意义的讨论集中在第六章，在该章的讨论过程中，结合新生代父母在育儿微信群中的交往行为，提出了"育儿共同体"的观点，并将其置于共同体理论的演进谱系中加以考察。本章以媒介技术为线索，首先考察了共同体的"前媒介化"时代，其次论述了媒介技术与共同体的关系，最后提出媒介化育儿共同体得以建构的三重机制——"共同的身份归属与认同""数字媒介衍生出的深度沟通""由信息互惠与情感互惠构成的双重互惠"。

育儿是人类社会的一种普遍经验，数字时代呈现出的"数字育儿"现象更是见于世界各地，但是由于不同社会结构和文化母体呈现出不同景观。本研究旨在探讨中国当下社会结构与文化环境中新生代父母的育儿行为与以微信群为表征的新媒介技术的互动关系。

第二章　新生代父母媒介化育儿的研究谱系

　　本研究以媒介化为视角，在"深描"两个育儿微信群内交往行为的基础上探讨该微信群如何实现成员间的凝聚，从而构成关系紧密的网络社群。相应的理论问题则是，以育儿微信群为表征的新媒介技术如何塑造出网络社群中的紧密关系，这又具有怎样的文化内涵。因此，"媒介化""网络社群""育儿""新生代父母"一起构成本研究的核心概念，本章将分别以之为关键词勾勒本研究在既有研究谱系中的位置。媒介化作为本研究的理论视角将在第三章专门加以论述。

第一节　关于"育儿"的研究

　　新中国成立后，我国就开始出现关于育儿活动的调查研究。笔者通过检索发现，1952 年商务印书馆出版了《苏联家庭育儿法》一书；《中华卫生杂志》1954 年第 4 期刊载了《怎样做育儿情况调查》一文，其中重点谈到做好养育婴幼儿调查分析是改造旧式育儿、推广新法育儿的前提。这可以说是新中国成立以来我国关于"育儿"研究的早期代表性探索。20 世纪 80 年代，国内专门关于育儿的研究论文还比较少见，但是值得关注的是，20世纪80年代和90年代出现了一些育儿科普书籍以及从日本、法国、美国翻译而来的著作，比如，《育儿知识大全》《怎样科学育儿》《现代社会与育儿》等（见表2-1）。其实，从这些著作的内容来看，主要为育儿知识的科普与介绍，旨在帮助父母提升日常育儿技巧和能力，而针对育儿现象和育儿过程中某个专门问题的研究著作还比较少见。

表2-1　20世纪八九十年代有关育儿的部分著作统计

序号	名称	作者	出版社	年份
1	《妈妈育儿指南》	中央人民广播电台科技组	科学普及出版社	1980
2	《家庭育儿百科全书》	叶恭绍	北京出版社	1981
3	《实用育儿指南》	郎景和	福建人民出版社	1983
4	《育儿知识大全》	〔美〕本杰明·斯波克（Benjamin Spock）	黑龙江科学技术出版社	1983
5	《育儿百科》	〔日〕松田道雄	人民卫生出版社	1983
6	《怎样科学育儿》	〔法〕佩尔努·洛朗斯（Pernoud Laurence）	北京出版社	1983
7	《现代社会与育儿》	〔日〕今村荣一	四川少年儿童出版社	1985
8	《新育儿大全0～5岁》	〔日〕高桥悦二郎	甘肃少年儿童出版社	1987
9	《古今育儿习俗》	张劲松、谢基贤	辽宁大学出版社	1988
10	《实用育儿百科》	陈帼眉	农业出版社	1990
11	《育儿百科》	〔日〕松田道雄	人民卫生出版社	1991
12	《最新育儿指南》	陈奇麟	上海人民出版社	1994
13	《欧美孕产妇保健和育儿新法：赠给青年夫妇》	郑惠边	重庆出版社	1993
14	《错误的育儿》	蔡慧茹	复旦大学出版社	1999
15	《斯波克育儿经》	〔美〕本杰明·斯波克（Benjamin Spock）	四川人民出版社	1999

21世纪以来，围绕育儿话题在教育学、医学、社会学、传播学、心理学等领域积累了越来越多的研究文献，相关文献数量的增多与涉及领域的开阔在一定程度上折射出育儿从一个被认为"自然而然"的过程转变为一个家庭问题或社会问题。根据本研究的主题，将这些研究文献主要概括为以下三个主题。

一　育儿焦虑与社交媒体

2021年5月《探索与争鸣》杂志组织圆桌讨论，主题为"找回童年——破解'育儿焦虑'难题"。其中有研究者指出，育儿焦虑与新的传播技术的快速普及密切相关，新的传播技术带来的沟通便利使得父母在育儿过程中看到更多可能性，同时，这种"看见"的成本和门槛随着新的传播技术的普及而越来越低，"当家长加入各种育儿微信群后，在微信群里看到的各种育儿信息越多，反而可能更加焦虑"。[①]

在孩子生命历程的不同阶段，新生代父母具有不同的育儿焦虑。蕾切尔·卡斯克在《成为母亲：一名知识女性的自白》中坦陈"做母亲"的各种难处与困境，她说，其不仅"是一座与外部世界隔离开来的围城"，而且还"要求苛刻又没完没了，令人精疲力竭"。"它让人离群索居，感觉无聊。它会侵蚀你的自尊，将你同成人世界割裂开来。越是与生活脱节，这件事做起来就越困难。"[②]从宏观上看，社会制度与结构的变迁会塑造出不同的个体体验，这同样反映在对个体育儿经验的再造上。改革开放以后，我国计划经济

---

① 杨雄：《AI时代"教育内卷化"的根源与破解》，《探索与争鸣》2021年第5期。
② 〔英〕蕾切尔·卡斯克：《成为母亲：一名知识女性的自白》，黄建树译，上海人民出版社，2019，第7页。

下企业单位福利制度的瓦解以及市场经济下激烈的职场竞争促使母亲群体分化出三种类型：第一种是母亲辞职在家全职照料子女，属于自我照料类型；第二种是部分母亲借助市场的力量，雇佣育婴师协助照料；第三种是部分母亲选择邀请祖辈或父辈协助照料，即代际合作育儿。① 从家庭角度而言，这恰好对应了当下我国三种主要育儿方式，即父亲或母亲全职育儿、保姆协助育儿以及代际合作育儿。当下，无论哪种类型的母亲，初为人母的她们都具有相似的困惑，一位新生代母亲在网络社区中说："作为一个新生代母亲，我每天都在焦虑中暴走。我家小宝才6个月大，自从得知怀孕的那天起，我就每天都提心吊胆，吃不好睡不好。担心宝宝在肚子里发育的是不是正常，身体是不是健康；会不会被脐带缠住；补哪种钙最好；我吃得少了他会不会先天性体弱……"②

当下，生养抚育或曰育儿已经成为"80后""90后"父母日常生活的重要构成部分。中国青年报社会调查中心的一项调查发现，60%的受访者表示自己身边有育儿焦虑的年轻父母居多。③ 这意味着，如果说育儿焦虑以不同方式与程度存在于不同年代的生命历程中的话，那么，如今新生代父母面临的育儿焦虑则是一种结构性焦虑和系统性焦虑。社会学学者就此敏锐地提问道："生养抚育，对于父母而言曾被认为是'本能'的事，缘何对于当今时代的'年轻'父母而言变成了一件极度复杂、专业且消耗的事。"对此，社会学研究者们致力于揭示这背后的秘密。施芸卿认为，"家庭经济模式的转型""儿童价值观的转变""市场力量的渗透日益加剧"

---

① 张杨波：《代际冲突与合作——幼儿家庭照料类型探析》，《学术论坛》2018年第5期。
② 九里香：《作为新晋的新生代父母，简直要焦虑到崩溃》，妈妈网，2018年10月5日，http://q.mama.cn/topic/50552225/。
③ 周易：《父母育儿焦虑多　67.0%受访者归因爱攀比》，《中国青年报》2015年10月19日，第7版。

是导致育儿焦虑的关键因素。① 刘新宇认为，"工业文明对传统哺育方式的冲击"与"全球化浪潮中现代医疗话语对第三世界国家的支配后果"这两种视角在一定程度上揭示了中国社会婴儿喂养焦虑的由来，同时，在我国，育儿焦虑还根植于"市场转型"的大背景下。② "家庭职能的弱化""育儿支持的匮乏""媒介环境对育儿理念的重塑"等是产生育儿焦虑的重要影响因素。③ 这些可以看作研究者们对当下育儿焦虑产生原因的一种探索，然而，因果关系在人文社会科学中是非常令人棘手和充满不确定性的。相较之下，面对育儿焦虑，新生代父母应采取怎样的行动策略等问题往往被研究者们忽视。

育儿焦虑的具体内容是以往研究的一个重要主题。譬如，研究者尤佳认为，"育儿焦虑"是心理学家罗·洛梅（Rollo May）意义上的"存在焦虑"，他进一步将育儿过程中的"存在焦虑"具体化为四个方面，即健康焦虑、安全焦虑、教育焦虑与个人发展焦虑。这四种育儿焦虑类型可以概括为两种主题，即家庭风险承担的压力与社会竞争的压力。④

在新媒介技术风起云涌的时代里，有研究者提出"育儿焦虑的媒介化转向"，从媒介的角度而言，一方面育儿问题也是众多新媒体用户所面临的现实问题，在新媒体尤其是社交媒体中更容易引发共鸣；另一方面，新媒体满足了父母群体了解社会环境、参与公共事务和为儿童谋取更多权益的需求。因此，育儿问题越来越多地为新媒体所关注并呈现，同时，新媒体为育儿问题的解决提供了协商

① 施芸卿：《当妈为何越来越难——社会变迁视角下的"母亲"》，《文化纵横》2018年第5期。
② 刘新宇：《城市家庭的奶粉焦虑、哺育伦理与市场卷入》，《妇女研究论丛》2018年第2期。
③ 尤佳：《新媒体视域下中国当代育儿焦虑研究》，河北大学博士学位论文，2019。
④ 尤佳：《新媒体视域下中国当代育儿焦虑研究》，河北大学博士学位论文，2019。

与探讨的平台。①

　　然而，对于新生代父母而言，"育儿为何成为问题" 远远没有 "如何纾解育儿焦虑" 充满诱惑力。由此，新媒介技术何以纾解新生代父母的育儿焦虑成为另一个研究主题。在新闻传播学领域，有研究者以同月龄新妈妈微信群 "HZ12 月羊宝宝" 为研究对象发现，新手妈妈们主要通过育儿问题咨询分享、线下交往等方式实现身份认同，进而构建新的社交圈。② 以 "媒介" 为中介的新生代父母育儿实践不仅仅是传播学研究者的论域，近年来一些医护工作者也开始聚焦 "新媒体" 与新生代父母育儿实践之间的关系，此研究取向往往以 "新媒体何以促进新生代父母育儿实践" 为价值默认。在此研究途径下，作为医护工作者，晏艳、林凤英与简健清的研究发现，孕妇 QQ 群和论坛的建立不仅有助于医护人员与孕妇之间的交流，还可以降低由 "路程往返" "排队等候" 而产生的时间成本，因此，值得临床推广。③ 蔡秀娟、胡军、罗斯与吴意选择 2014 年 9 月至 2015 年 3 月在湖北省广水市某医院分娩出院的 1121 例产妇展开实验研究得出结论：通过微信群互动与交流，能显著提高和延长出院后产妇母乳喂养率。④ 也有学者认为，新媒体主要给新生代父母提供了信息支持、情感支持、友伴支持和尊重支持，而物质的支持较少。⑤ 张苡萱通过深度访谈、参与观察、问卷调查等方法对某一育儿 App 的研究发现，育儿 SNS 用户的使用需求、动机主要体现

① 尤佳：《新媒体视域下中国当代育儿焦虑研究》，河北大学博士学位论文，2019。
② 叶盛珺：《关于有效传播在优质网络社群中的实现——以 "新妈妈" 微信群聊圈为样本的实证研究》，浙江大学硕士学位论文，2017。
③ 晏艳、林凤英、简健清：《QQ 群平台在孕妇孕期管理的效果观察》，《护理学报》2012 年第 12 期。
④ 蔡秀娟、胡军、罗斯、吴意：《微信群对产妇出院后母乳喂养行为影响的研究》，《检验医学与临床》2012 年第 11 期。
⑤ 刘立群主编《中国媒介与女性发展报告（2013～2014）》，社会科学文献出版社，2015，第 200～216 页。

在以下五个方面：（1）获取信息和建议；（2）展开社交的需求；（3）获得社会威信和满足感；（4）作为休憩的方法；（5）商业目的（比如将闲置的二手物品分享给其他群成员）。同时，群体身份认同感和信息沟通的需求是将新生代父母在社交空间中联系在一起的最重要的原因，群体身份认同感和经历接近性是育儿 SNS 高度互动和信任的关键影响因素。[①] 在传统意义上，新生代父母主要从丈夫、女性亲属等强关系中获得情感支持和育儿帮助。育儿虚拟社区成员之间的弱关系可以弥补传统社会支持体系中信息支持的缺乏，并提供情感性和友伴性等其他类型的社会支持。新生代父母的社会支持网络呈现出多元化的趋势，但是网络交往的匿名性和局部性使得网络社会支持不可能取代传统社会支持体系而只是对其进行补充。[②]

这些研究多与"媒介赋权"的逻辑不谋而合，且侧重于正面、积极的影响，从中难以观察到以新媒体或社交媒体为中介的育儿行为所带来的复杂影响。同时，这些研究忽视了家庭、文化、惯习等复杂因素对新生代父母的多元影响，以及新生代父母以新媒介技术为中介的育儿行为在不同家庭、文化、社会结构等情境中可能产生的不同效应。

二　性别维度：信息传播技术对"母职"的重构

从性别的角度而言，根据笔者的观察，在育儿微信群中，母亲的比重远远大于父亲，更为重要的是母亲在微信群中最为活跃，甚

[①] 张苡萱：《育儿 SNS 用户的"使用与满足"研究——以 IOS 平台"辣妈帮"App 为例》，南京大学硕士学位论文，2013。

[②] 阿布都热西提·基力力、王霞：《新手妈妈社会支持网络的多元化：一个文献综述》，《兰州学刊》2013 年第 9 期。

至一些育儿微信群成员几乎全部是母亲，反之，目前笔者还没有发现成员全部由父亲构成的育儿微信群。这与这样一个社会事实相契合：在目前的中国社会结构与日常生活中，育儿多为母亲之事。众所周知，虽然性别平等意识已为多数人所接受，但无论照顾幼儿还是照顾老人……这些"再生产"的劳动，多半都由女人以女儿、母亲、媳妇等不同的身份承担。①

女性是育儿研究的另外一个常见视角。在中国历史的语境下，女性作为母亲和工作者的双重身份的出现是近现代以来的社会情景，1911 年辛亥革命后，只有极小一部分女性开始走出家庭，在他人家中（佣人）、私人作坊（雇佣工）与工厂等地方从事有酬劳动，迈出了从"家内"向"家外"的历史性变化，由此也引发了至今不绝于耳的有关"女性该工作还是该回家"的争论。② 女性在家庭生活和社会生活中扮演十分重要的角色，"母亲身份"或"母亲角色"即"母职"之所指。在社会科学研究中，作为一个分析概念，"母职"是一个舶来词，即"Motherhood/Mothering"，有时又被译为"母亲身份""母亲角色"。在以往的研究中，"母职"不仅指涉母亲所做的生养抚育之事，也包含与之相关的意识形态，如社会、文化对女性角色和地位的定义与评价。③ 综上所述，所谓"母职"，即母亲角色或母亲身份，是一个社会建构的概念，其内涵具有社会文化特征和历史性。④ 也有论者认为，"母职"是指女性承

---

① 张晋芬、李奕慧：《"女人的家事"、"男人的家事"：家事分工性别化的持续与解释》，《人文及社会科学集刊》2007 年第 2 期。

② 佟新、杭苏红：《学龄前儿童抚育模式的转型与工作着的母亲》，《中华女子学院学报》2011 年第 1 期。

③ 金一虹、杨笛：《教育"拼妈"："家长主义"的盛行与母职再造》，《南京社会科学》2015 年第 2 期。

④ Glenn, E., *Social Construction of Mothering: A Thematic Overview* (New York: Routledge, 1994), pp. 1 – 29.

担人类繁衍的命运所产生的对"母亲"这一社会角色的担当与认同。①

　　作为一种社会文化建构，在不同的历史语境下，人们对母职的理解与期待可能存在鲜明差异，甚至大相径庭。例如，陶艳兰通过对文献的梳理发现，从18世纪后半期以来，西方的母职形象先后经历了"温柔的母亲""科学的母亲""单面向的母亲""自主的母亲"的转变，不同母职形象的特点如表2-2所示。②

表2-2　18世纪中期以来西方母职的形象变迁

时间节点	母职形象	形象特点
18世纪后半叶	温柔的母亲	富有同情心、最大限度地给予爱
19世纪初到20世纪40年代	科学的母亲	崇尚并自主评估科学育儿信息
20世纪80年代	单面向的母亲	或以职业为主或以家庭为主
20世纪80年代到21世纪初	自主的母亲	自由、独立，追求女性权利

资料来源：陶艳兰：《流行育儿杂志中的母职再现》，《妇女研究论丛》2015年第3期。

　　在人类的共同生活中如何理解母亲与孩子的关系？德国著名社会学家斐迪南·滕尼斯（Ferdinand Tönnies）曾经从共同体的角度就此进行论析，在他看来，母子关系是最强有力的关系和最有可能发展成共同体的关系类型之一，是共同体的一种胚胎形式。③ 现代学者认为传统的母职意识形态充满了父权的假设，限制了母亲的认同和自我发展。④ 20世纪后半期，"密集母职"在西方被频繁提及。

---

① 林晓珊：《母职的想象：城市女性的产前检查、身体经验与主体性》，《社会》2011年第5期。
② 陶艳兰：《流行育儿杂志中的母职再现》，《妇女研究论丛》2015年第3期。
③ 〔德〕斐迪南·滕尼斯：《共同体与社会：纯粹社会学的基本概念》，林荣远译，北京大学出版社，2010，第127页。
④ 唐文慧：《为何职业妇女决定离职？结构限制下的母职认同与实践》，《台湾社会研究季刊》2011年第85期。

按照莎伦·海斯（Sharon Hays）的观点，密集母职是以儿童为中心、信赖专家指导、高度情绪投入、劳力密集、高经济花费的育儿方式。在此意识形态的引导之下，社会大众普遍认为，母亲是儿童的主要与最佳照顾者，母亲多半生育极少数的子女，她们肩负主要的养育孩子与引导孩子朝正常方向发展的双重责任，孩子的需要永远先于母亲的需要。在这样的意识形态充斥之下，社会遂发展出一套"密集母职社会期待"（Intensive Mothering Expectations，简称IME）。① 根据米歇尔·福柯（Michel Foucault）的观点，密集母职的概念会形成一种文化霸权（Cultural Hegemony），当有母亲企图挑战或不遵循这套霸权机制时，其便被标签化或定义为"失败的"或"不负责任"的母亲。② 此外，"当代台湾社会的母职实践受密集母职意识形态影响，强调特定育儿照顾实践与母亲的重要性，中产阶级女性因为受过高等教育、拥有经济与社会资本这些践行密集母职所需的物质基础，更容易被作为好妈妈来论述"③。

随着社会的变迁，"母职"不断得以重建，在某些层面上，如今的"母职"与前几代人的"母职"实践有着天壤之别。首先，技术的可及与普及为进一步重构"母职"及其实践提供了新的可能。④ 根据联合国人口统计学家估计，2018 年全球大约有 1.4089 亿新生儿降临世界⑤，而对于许多母亲尤其是初为人母的人来说，身体疲

---

① Hays，S.，*The Cultural Contradictions of Motherhood*（New Haven，CT：Yale University Press，1996），p. 46.

② 唐文慧：《为何职业妇女决定离职？结构限制下的母职认同与实践》，《台湾社会研究季刊》2011 年第 85 期。

③ 林昱瑄：《做学术、做妈妈：学术妈妈的困境、策略与智性母职》，《台湾社会学刊》2019年第 66 期。

④ Madge，C.，Connor，H.，"Parenting Gone Wired：Empowerment of New Mothers on the Internet？" *Social &Cultural Geography*，7（2），2006，pp. 199 – 220.

⑤ 《2018 年新生儿人数将下降》，财经网，2018 年 2 月 28 日，http：//magazine. caijing. com. cn/20180228/4410550. shtml。

急、社会孤立……使得育儿成为一种极具压力的体验。然而，现代传播技术为这种苦涩的体验打开了另一扇窗户。对此，Gibson 和 Hanson 写道："技术提供社会互动、信息和支持的潜力是巨大的。通过技术的使用，在日常生活中新生代母亲们不仅可以保持社会关系，还能够为她们的新身份建立新的关系。"① 《第二届中国家庭育儿方式调查报告》显示，"80 后"妈妈已经成为新妈妈人群的主流。而在这些年轻父母中，有 80% 以上的人都使用过互联网获取母婴健康信息，新生代父母不再满足于科普性的育儿知识，他们需要更多彼此之间的经验分享。其次，社交媒体扩大了新生代父母的社会网络，提供了友伴和情感的支持，让新生代父母获得了群体的归属感。再次，网络空间可以为新生代父母讨论他们所关心的问题提供一个支持的、非评判的场域，使其获得"社会威信和满足感"。可见，新媒体扩展了获取社会支持的途径，弥补了新生代父母在实际生活中无法获得的社会支持。②

　　当下，数字技术的迅速迭代正在重新塑造和建构新的母职经验，即"数字母职"（Digital Motherhood）。全球许多女性在孕育期和初为人母时，倾向于选择以数字媒介（主要包括网站、博客、在线论坛、应用程序和社交媒体平台）信息作为孕育和育儿决策的依据。Lupton 对澳大利亚 36 名具有数字媒体使用经验的新手母亲进行焦点小组访谈后发现，她们十分注重从线上获取的信息支持，并使用在线资源和应用程序同他人进行分享。③ Mcdaniel 和 Holmes 等对

① Gibson, L., Hanson, L., "Digital Motherhood: How does Technology support new Mothers", in Konstan, J., Chi, E., Höök, K., eds., *Proceedings of the SIGCHI Conference on Human Factors in Computing Systems* (New York: Association for Computing Machinery, 2013), pp. 313 – 322.

② 曹昂：《借力新媒体，新手妈妈获得母婴健康主导权》，《中国妇女报》2015 年 12 月 22 日，第 B2 版。

③ Lupton, D., "The Use and Value of Digital Media for Information about Pregnancy and Early Motherhood: A Focus Group Study", *BMC Pregnancy and Childbirth*, 16 (1), 2016, pp. 171 – 180.

157 位母亲的研究显示，61% 的母亲在育儿期间写自己的博客。① 由此，"数字育儿"成为观察"数字母职"的一个重要面向。"数字育儿"（Digital Parenting）近年来在国际学术界已成为一股学术潮流，而在国内尚未引起学术界的足够重视，当下中国社会中的"数字育儿"问题亟须关注。"数字育儿"是指父母如何将数字媒体嵌入其育儿实践中，亦有研究者将其称为"育儿的中介化"（Parenting Mediation）。② 在这样的进路下，Rudi、Dworkin 与 Walker 等研究者发现，随着子女成长阶段的不同父母会选择使用不同形态的沟通媒介。③ 彭钢旎、黄何明雄通过比较信息沟通技术在香港普及前后菲佣的母职建构方式，探讨香港的菲佣作为跨国母亲，如何利用现代化的信息沟通技术（手机和互联网）重新建构她们的母职，研究发现，频繁且便利的远程通信使得跨国母亲们能够克服地理隔绝带来的不便，为她们的孩子建构一种母亲的"虚拟在场"。通过这种"虚拟在场"，跨国母亲们从情感和道德两个层面履行其母亲职责。在情感层面，菲佣们利用手机和互联网传达她们对孩子的关心和问候、为生病的孩子提供情感支持并且为孩子们解决实际的问题；在道德和教育层面，菲佣们利用现代沟通技术指导孩子的功课、帮助他们养成良好的生活习惯，并对孩子们的一些不良行为进行教导和规训，不仅重新建构了她们的母职，而且为"母职"一词提供了新的诠释。④

① Mcdaniel, T., Coyne, M., Holmes, K., "New Mothers and Media Use: Associations Between Blogging, Social Networking, and Maternal Well-Being", *Maternal and Child Health Journal*, 16 (7), 2012, pp. 1509 – 1517.

② Mascheroni, G., Ponte, C., Jorge, A., *Digital Parenting: The Challenges for Families in the Digital Age* (Göteborg: Nordicom, 2018), pp. 9 – 16.

③ Rudi, J., Dworkin, J., Walker, S., Doty, J., "Parents' Use of Information & Communications Technologies for Family Communication: Differences by Age of Children", *Information, Communication & Society*, 18 (1), 2015, pp. 78 – 93.

④ 彭钢旎、黄何明雄：《信息沟通技术与母职：一项关于香港菲佣的实证研究》，《社会》2012 年第 2 期。

　　王宇、陈青文通过对家政女工的微信使用研究发现，微信有效地缓解了家政女工外出工作和母职之间的矛盾，为异地母职实践搭建起桥梁，在顺应传统母职的期待的同时也为现代母职的内涵增添了新内容、开创了新可能。[①] 育儿实践中孕妈或新手妈妈对社交媒体的使用不仅仅在于获取育儿信息支持，还有助于其获取文化资本。例如，有研究者的调查发现，孕妈在使用育儿 SNS 过程中，"在获得社会威信方面的满足程度最高"[②]。张苡萱对 640 位育儿 SNS 用户进行调查的数据显示，"82.3% 的用户认为获取育儿知识不分地域，76.2% 的被调查者评论、回复过别人的话题，74.1% 的用户在该应用里分享过育儿经验，40.7% 的用户在该育儿 SNS 应用里晒过孩子、家人的照片，24.3% 的用户会和线上好友保持线下联系"[③]。对于母职实践而言，数字媒介的使用所获取的情感支持主要表现在三个方面："增强为父为母的信心""减少父母的压力""促进自我表露"。[④] 从全球范围来看，随着传统规范的瓦解和家庭与家庭间的日益疏远，生养抚育之事变得越来越个性化。[⑤] 在育儿实践中，尽管现代母亲经常使用和依赖数字媒体，但是很少有人考虑在线上虚拟社区分享、记录自己以及孩子个人信息的潜在影响。[⑥]

① 王宇、陈青文：《家政女工的微信使用与异地母职实践研究》，《今传媒》2019 年第 10 期。
② 张苡萱：《育儿 SNS 用户的"使用与满足"研究——以 IOS 平台"辣妈帮"App 为例》，南京大学硕士学位论文，2013。
③ 张苡萱：《育儿 SNS 用户的"使用与满足"研究——以 IOS 平台"辣妈帮"App 为例》，南京大学硕士学位论文，2013。
④ Nolan, S., Hendricks, J., Towell, A., "Social Networking Sites (SNS): Exploring Their Uses and Associated Value for Adolescent Mothers in Western Australia in terms of Social Support Provision and Building Social Capital", *Midwifery*, 31 (9), 2015, pp. 912 – 919.
⑤ Lupton, D., Pedersen, S., Thomas, G., "Parenting and Digital Media: From the Early Days of the Web to Contemporary Digital Society", *Sociology Compass*, 10 (8), 2016, pp. 730 – 743.
⑥ Lupton, D., "'It Just Gives Me a bit of Peace of Mind': Australian Women's Use of Digital Media for Pregnancy and Early Motherhood", *Societies*, 7 (3), 2017, pp. 1 – 13.

三 代际育儿及其问题

人类学家玛格丽特·米德（Margaret Mead）在《文化与承诺：一项有关代沟问题的研究》一书中较早提出了代沟的问题。社会学家卡尔·曼海姆（Karl Mannheim）认为，"经历同一具体历史问题的青年可以被视为处于同一现实代；而同一现实代中的不同群体以不同的方式利用共同的经验，因此构成了不同的代单位"①。当下，不管在城市还是在乡村，代际合作育儿成为我国育儿实践中的常见现象。这即使在国外也不鲜见，比如，2014 年时任英国首相的卡梅伦推出一项新政——祖辈照料孙辈可享受带薪休假，这些祖辈被英国一些媒体誉为"无名英雄"。② 相关调查显示，69% 的上海白领家庭的子女在 3 岁之前由祖辈或父辈照料，即使到了小学时期，仅有 12.7% 的上海白领家庭基本是父母自己养育。③ 汪永涛认为，目前城市家庭中代际合作育儿主要有四种方式，分别是母系支持、父系支持、双系轮流制、老人加上阿姨（保姆），而母系支持的现象比较凸显。家庭伦理本位下老人人生的价值感与圆满感、社会舆论、老人主动构建的一种亲密关系等因素使代际合作育儿成为可能。④

代际育儿可能产生的影响是众多研究者们关注的重点之一。比如，宋璐、李亮等研究者探讨了农村代际育儿对家庭代际矛盾可能存在的影响，研究发现，代际照料与代际矛盾呈正相关关系，但是，"由于照料角色的性别差异，低强度照料和高强度照料与老年

---

① 〔德〕卡尔·曼海姆：《卡尔·曼海姆精粹》，徐彬译，南京大学出版社，2002，第 92 页。
② 佚名：《英国祖父母看孙子可享带薪假》，《海峡都市报》2014 年 8 月 21 日，A21 版。
③ 刘汶蓉：《青年白领的育儿压力与教养期望》，《当代青年研究》2015 年第 3 期。
④ 汪永涛：《转型期城市家庭的代际合作育儿》，《社会学评论》2020 年第 2 期。

父亲的高水平代际矛盾相关，而低强度照料对老年母亲没有显著影响"。① 鲍莹莹的研究表明，代际育儿对祖辈代际赡养预期存在显著的正向影响，然而，代际育儿对农村祖辈代际赡养预期的影响略低于城市祖辈。②

第二节　关于"网络社群"的研究

对网络社群的研究往往从日常生活的层面展开。20 世纪中后叶以降，以实证主义和结构功能主义为代表的传统主流社会学对日常生活的忽视日益暴露出其狭隘和局限，其在解决现实问题时的捉襟见肘引发了学术领域的激烈争论，在这样的语境下，20 世纪六七十年代"发生了社会学的日常生活转向"③。概览观之，法国的较多知识分子对此的贡献比较明显，在法国社会学家亨利·列斐伏尔（Henri Lefebvre）看来，日常生活可以被界定为总体中的社会实践的一个层次。④ 承续亨利·列斐伏尔的"实践"基因，有研究者将日常生活进一步明晰地界定为"在社会生活中对于社会行动者或行动者群体而言具有高度的熟悉性和重复性的奠基性的实践活动，日常生活的时空是一个为人们所熟悉和不断重复的时空，是一切社会生活的社会历史性的基础"⑤。同样属于法国学者的保尔·路耶特

---

① 宋璐、李亮、李树茁：《老年人照料孙子女对农村家庭代际矛盾的影响研究》，《心理科学》2015 年第 5 期。

② 鲍莹莹：《隔代照料对祖辈代际赡养预期的影响——基于 CHARLS（2015）数据的实证分析》，《中国农村观察》2019 年第 4 期。

③ 郑震：《当代西方社会学的日常生活转向——以核心理论问题为研究路径》，《天津社会科学》2012 年第 5 期。

④ Lefebvre, H., *Critique of Everyday Life*（Vol. 2）: *Foundations for a Sociology of the Everyday*（London & New York: Verso, 2002）, p. 31.

⑤ 郑震：《论日常生活》，《社会学研究》2013 年第 1 期。

（Paul Leuilliot）则给我们理解日常生活提供了另一个思路，他认为："日常生活就是我们每天被赋予的（或者遗赠给我们的）、挤压我们甚至逼迫我们的那些事物，因为当下的确就存在着这样的逼迫。每一个清晨，在我们醒来时，再次承受的是生活的重量，生活的困难，或者在一个确定条件中的生活，带着我们特定的虚弱或欲望。日常生活是从内部紧密地掌控着我们的那些事物。"① 法国知识分子米歇尔·德·赛托虽然算不上是系统探究日常生活的鼻祖，但他却是日常生活研究领域至今难以绕过的一座大山，与保尔·路耶特相较，他在著作《日常生活实践1：实践的艺术》《日常生活实践2：居住与烹饪》中辩证地论述了日常生活中的控制性力量与反控制性力量：在日常生活的舞台上，既存在着支配性的力量，又存在着对这种支配性力量的反制；压制者、被压制者及反压制者都在这个场所中出现；日常生活在很大程度上就是一场持续的、变动的、围绕权力对比的实践运作。② 基于此，他以"实践"为逻辑起点探究日常生活中的秘密。经过半个多世纪的发展，围绕日常生活的研究出现了各式各样的进路，形成了多样的研究成果，其中有共识，亦不乏分歧与争议，笔者在此无意于详尽探究之，但是，可以肯定的是，整体上看，围绕日常生活的研究主张以日常生活为切入口重新发现和理解那些人们习以为常的日常生活实践与经验以及日常生活实践中的普通人，进而理解人的存在与社会的运行。

随着网络社会（Network Society）的崛起，虚拟社区里的社会生活已经成为人们日常生活的重要构成单元，理解现代人的生活世界固然离不开对其的考察，智能化时代的来临正在加剧这一现实。虚

---

① Certeau, M., *The Practice of Everyday Life*（*Vol.*2）（Oakland：University of Carlifornia Press, 1988），p. 3.
② 练玉春：《开启可能性——米歇尔·德塞都的日常生活实践理论》，《浙江大学学报》（人文社会科学版）2003 年第 6 期。

拟社区，又被称为"虚拟社群"，或"在线/线上社区"，简而言之，所谓虚拟社区就是以互联网技术为中介，建立在共同情感、兴趣、利益与目标基础之上的社群集合体，其成员身份可以与线下的日常生活身份相符，亦可是虚拟的角色扮演，或两者兼有[①]。也有研究者认为，虚拟社区即是一群参与者基于共同兴趣、经验或需求，在网络空间中彼此讨论、互动，通过分享信息、情感、经验、知识，使彼此之间联结进而产生虚拟世界中的人际网络。[②] 近年来，虚拟社区之于人们日常生活的相关问题已经得到一些研究者的关注。21世纪初，天涯网络社区成为人们日常生活中的一种时尚，趋之者众。作为"全球最具影响力的中文论坛"，截至 2011 年底，天涯社区用户数量超过 6000 万[③]，而当时中国网民总数约为 5.05 亿[④]。刘华芹的《天涯虚拟社区——互联网上基于文本的社会互动研究》是国内较早关注网络虚拟社区的研究成果，她通过网络民族志或虚拟民族志的研究方法，以社会互动的理论视角较早描述了"虚拟社区"这一新生的社会形态。一石激起千层浪，刘华芹的研究不仅点燃了国内研究者们对虚拟社区的研究兴趣，还激发了相关研究者们对虚拟民族志或网络民族志的关注与实践。

如果说"速度"[⑤] 是现代性与考察现代性的核心，那么"加速度"则是理解工业化社会以降人类社会的一把钥匙。"加速度"的

---

① 王心远：《流动生活中的在线小区：中国新生代农村移民社交媒体使用的人类学研究》，《传播与社会学刊》2018 年第 44 期。

② 江盈欣：《新生代父母与虚拟社群之资讯行为》，淡江大学硕士学位论文，2016。

③ 月光：《泄密门升级：天涯四千万用户数据外泄》，https://www.williamlong.info/archives/2939.html。

④ 张意轩：《截至 2011 年 11 月：中国网民总数 5.05 亿　普及率 37.7%》，http://media.people.com.cn/GB/16855302.html。

⑤ 不少研究者提出，速度是现代性的核心，加速是当代社会的主要特征，例如大卫·哈维（David Harvey）、保罗·维希留（Paul Virilio）、威廉·舒尔曼（William Scheuerman）、彼得·弗里茨希（Peter Fritzsche）等，亦可参见代利刚：《当代社会加速度理论的源流、理路与批判》，《社会科学》2019 年第 2 期。

现代社会底色体现在现代社会的方方面面，社会的技术因素亦难以例外。信息传播技术的迅速迭代促使微型虚拟社区（例如 QQ 群、微信群等）的涌现，用户接入的成本和门槛也越来越低。与此同时，在底层研究[①]（Subaltern Studies）的潮流下，关注虚拟社区之于底层人群或边缘人群是这些研究中的一条明晰进路，形成了一种底层视角。在此进路下，王艳[②]以生活在城市里的"老漂族"为研究对象发现，"广场舞"微信群成为"老漂族"在流入地"落脚"、建立新的交往关系的入口，他们在网络小区里获得"温如家人"的温暖情谊。孙信茹[③]对一个普米族村民微信群展开了长期的田野研究，以此为个案，其观察到："借助微信，个体生活空间与网络虚空间得以自由转换"，而且大大增加了少数民族群体建构、表达进而参与文化实践的机会和可能。肖荣春[④]通过对美国华人小区微信群的民族志研究发现，微信群通过"社会互助"和"故事讲述"成为一种社会资源和小区传播基础结构的重要组成部分。微信和微信群之于社会个体或群体带来的这般积极意义同样可以在本研究中的两个育儿微信群内观察到一些踪迹。然而，普米族村民微信群是嵌入在"熟人社会"中的，或者说是中国传统社会结构"熟人社会"的一部分和延伸，群内成员主要由相互认识的"村民"构成。而美国华人小区微信群的典型特征是"边缘人"（Marginal Man），群内

---

① "底层研究"作为一种社会研究理论，兴起于 20 世纪七八十年代。按照赵树凯的看法，作为社会观察方法的原则，"底层研究"给予普通民众在社会政治变迁过程中新的定位，或者说，是给予最基层普通民众在政治过程中的"自主性"应有的重视。可参见赵树凯：《"底层研究"在中国的应用意义》，《东南学术》2008 年第 3 期。

② 王艳：《移动连接与"可携带社群"："老漂族"的微信使用及其社会关系再嵌入》，《传播与社会学刊》2019 年第 47 期。

③ 孙信茹：《微信的"建构"与"勾连"—对一个普米族村民微信群的考察》，《新闻与传播研究》2016 年第 10 期。

④ 肖荣春：《微信群的"社会互助"与"故事讲述"——一项基于美国华人小区微信群的探索性研究》，《新闻与传播研究》2018 年第 1 期。

成员之间虽然来自同一个国家，但处于"独在异乡为异客"的状态，与其说他们之间互为"陌生人"（Stranger），不如说他们是更为彻底的"边缘人"，研究者肖荣春亦是沿着此逻辑，以罗伯特·帕克（Robert Park）的"边缘人"为分析概念，认为他们是"缺乏认同感的文化混血儿"，是"在两种文化和两个社会边缘生活的人"。与之不同的是，笔者所研究的新生代父母微信群是由更为鲜明的"陌生人"构成的，但彼此之间表现出较强的认同感和"数字亲密性"。这些研究大多是沿着社会互动或社会交往的线索展开的，"虚拟社区"里的社会交往也是社群成员之间获取"在线社会支持"（Online Social Support）的途径，这些"在线社会支持"主要包括"信息支持""情感支持"等[①]。Weiss、Berner、Johnson、Giuse、Murphy 与 Lorenzi 的研究表明，病人通过彼此在线上小区内分享故事和经验提升其抵抗疾病的策略。近年来随着传播技术的迅猛发展，关于虚拟社区/社群的探讨越来越多。

就虚拟社区本身而言，"虚拟社区"这个术语是被誉为"互联网第一位居民"的霍华德·莱因戈尔德（Howard Rheingold）在20世纪90年代初提出的，在他看来，虚拟社区是"从网络兴起的社会集合体，足够多的人进行……足够长时间的公共讨论，伴有充分的人类情感，在赛博空间形成个人关系的网络"[②]。

库兹奈特在科雷尔（Correll）对虚拟社区成员进行划分的基础上，将线上虚拟社区参与者划分为"新手""混合""行家""信徒"四种类型。他认为，"新手"型参与者是四种类型中的第一类，"新手"型参与者与虚拟社区内其他成员缺乏紧密的社会联系，对

---

① White, M., Dorman, S., "Receiving Social Support Online: Implications for Health Education", *Health Education Research*, 16（6），2001, pp. 693-707.

② 〔美〕罗伯特·V. 库兹奈特：《如何研究网络人群和社区：网络民族志方法实践指导》，重庆大学出版社，2016，第10页。

消费行为本身只具备肤浅或短暂的兴趣；"混合"型参与者则扮演着交际花的角色，与虚拟社区中的许多成员保持强关系，但对核心消费行为只有表面的兴趣；"信徒"型参与者与其恰恰相反，他们与社区成员只有浅层联系，但是对社区的消费行为却全身心投入且保持热情，并更新相关技能和知识；"行家"型参与者是不仅与虚拟社区具有强关系，同时还表现出深度认同、具有能力并理解核心消费行为的社区成员。①

Sindhav、Hagel 与 Armstrong 将虚拟社区划分为兴趣型、人际关系型、幻想型、交易型四种类型，他们认为，这些不同类型的虚拟社群彼此之间并不是互相排斥的，而是有可能成为混合型社区。②Kozinets 将虚拟社区成员分为观光客（Tourists）、奉献者（Devotees）、圈内人（Insiders）、混合者（Minglers）四种类型③，而杨堤雅则将其划分为成员领袖、意见呼应者、自我揭露者、经验意见分享者、资讯询问者、产品推广者、浏览者、干扰者八类④。早期的研究者认为，相较于传统的线下面对面交流，虚拟社区内的线上沟通在理论上被认为是"贫乏的"和模棱两可的，传播者被认为是缺乏社会线索的，而进一步的研究发现，线上群组成员或电子传播者使用不同的可视性和身份表达策略，即通过一种语法指示其等级位置，进而补偿传统的地位差异化标签的匮乏，以在网上重新建立身份差异。⑤

① 〔美〕罗伯特·V.库兹奈特：《如何研究网络人群和社区：网络民族志方法实践指导》，叶韦明译，重庆大学出版社，2016，第41页。

② Sindhav, B., Hagel, J., Armstrong, G., "Net Gain: Expanding Markets Through Virtual Communities", *Journal of Marketing*, 62 (1), 1997, pp. 55 – 65.

③ Kozinets, R. V., "E-Tribalized Marketing: The Strategic Implications of Virtual Communities of Consumption", *European Management Journal*, 17 (3), 1999, pp. 252 – 264.

④ 杨堤雅：《因特网虚拟社区成员之角色与沟通互动之探讨》，台湾中正大学硕士学位论文，2000。

⑤ 〔美〕罗伯特·V.库兹奈特：《如何研究网络人群和社区：网络民族志方法实践指导》，叶韦明译，重庆大学出版社，2016，第29页、31页。

　　以"网络社群"为篇名在中国知网进行检索（截至 2021 年 6 月 23 日），1999～2020 年共有相关论文 304 篇，从图 2－1 可以看出，整体上来看，1999～2020 年有关"网络社群"的研究表现出上升趋势，但是，自 2015 年以后相关文献才出现大幅度增长。现有研究主要涵盖文化研究、传播学、社会学、政治学、营销管理等学科领域。

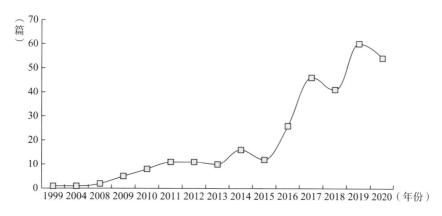

图 2－1　"网络社群"发表论文年度趋势（1999～2020 年）

　　现有研究可以概括为以下几大主题。

　　第一，网络社群与网络社群主义的本质探讨。

　　2005 年，《超级女声》节目走红，一时间成为流行文化的代表。同时，"粉丝"群体（Fans）也随之开始受到广泛关注，身处全国各地的"超级女声"的粉丝们通过互联网和手机组织起来，发起活动，支持自己喜欢的明星。互联网的高歌猛进让人们目睹了它在组织、连接和动员社会个体方面的巨大潜力。从这个意义上而言，北京大学胡泳指出，"兴趣相同者开始利用互联网从事志同道合的事业。由此，一种新生事物开始在中国出现：它就是网络社群"①。《南风窗》2015 年第 15 期推出封面报道《社群新世界》，在这组报

---

① 胡泳：《网络社群的崛起》，《南风窗》2009 年第 22 期。

道中，石勇如是描绘"网络社群"在当时社会结构中的位置：

> "如果说，在传统社会，在社会的基本单位中，出现的是小共同体，在现代社会，出现的是个人的话，那么，现在出现的，是'人＋社群'。我们的社会，正在社群化。在这样的社会结构里，人不再关心宏大抽象的东西，社群将构成他生活的重要内容，而背后的社会，将成为背景。"①

同时，从学术研究层面寻求对网络社群的理性认识成为人们关注的重点，其中带着本质论倾向的探讨是理解网络社群不可缺失的部分。按照这个逻辑，近年来产生了大量研究文献。

作为一个学术概念或者一种日常表达，"网络社群"由"网络"与"社群"两个词语复合而成。"网络"突出了空间内涵，"社群"则强调了主体内涵。对"社群"进行溯源可以发现，该概念最早可以追溯到古希腊哲学家亚里士多德（Aristotle），虽然亚里士多德没有直接使用过"社群"的概念，但是他对"城邦"的描述和考察接近于我们今天对"社群"的想象和认识。

自从德国著名社会学家斐迪南·滕尼斯（Ferdinand Tönnies）首次使用"社群"概念以来，在近现代思想史中政治哲学家迈克尔·桑德尔（Michael Sandel）、迈克尔·沃尔泽（Michael Walzer）、戴维·米勒（David Miller）以及社会学家丹尼尔·贝尔（Daniel Bell）等众多研究者从不同维度对"社群"的概念进行界定，搁置这些争议，一种广泛被接受的观点认为，社群即"由两个或两个以上的具有共同认同和团结感的人所组成的集合，群体内的成员相互

---

① 石勇：《社群新世界》，《南风窗》2015 年第 15 期。

作用和影响，共享着特定的目标和期望”①。与之类似，我国著名政治学家俞可平更为简洁地将“社群”描述为“一个拥有某种共同的价值、规范和目标的实体”②。在戴维·米勒看来，一个理想的社群应该具有如下特征：（1）个人是社群的内在有机组成部分，社群的尊严等同于个人的尊严；（2）团结友爱与互助是社群全体成员的基本共识；（3）社群成员之间的关系是平等的，统一的；（4）从家庭、邻里到社会、国家，社群普遍存在于各个层次。③

那么，什么是网络社群呢？与之相关的概念还有“虚拟社群”“在线社群”（Online Community）等，虽然名称各异，但其内在的指涉近乎相同。20世纪90年代，“虚拟社群”的提出者霍华德·莱茵戈德（Howard Rheingold）将其定义为一种社会集合体。戈特弗里德·沃森（Gottfried Vossen）和斯蒂芬·哈格曼（Stephan Hagemann）根据社群存在的功能与性质将社群划分为四种类型：交易社群（Communities of Transactions）、兴趣社群（Communities of Interest）、关系社群（Communities of Relations）、虚幻社群（Communities of Fantasy）。④ 根据中国的媒介实践，有研究者归纳出当下四种典型的网络社群，分别是“网络红人”“意见领袖”“网络大V”“微信大号”。⑤ 庞正和周恒认为，网络社群归根结底是一种社会群体，是人们为实现自我社会化需求，利用网络工具而进行的自愿集结与组织形态。⑥ 作为一种新型社会主体，网络社群主要具有以下五个特征：

---

① 〔美〕戴维·波普诺：《社会学》（第十版），李强等译，中国人民大学出版社，1999，第173页。

② 俞可平：《社群主义》，中国社会科学出版社，1998，第59页。

③ 俞可平：《社群主义》，中国社会科学出版社，2015，第80~82页。

④ Vossen, G., Hagemann, S., *Unleashing Web 2.0: From Concepts to Creativity* (Burlington: Morgan Kaufmann Publishers, 2007), p.59.

⑤ 秦德君、高琳琳：《网络社群与民间话语：一种影响公共决策的域场》，《新闻记者》2017年第6期。

⑥ 庞正、周恒：《场域抑或主体：网络社群的理论定位》，《社会科学战线》2017年第12期。

一是运作方式的自治性；二是群体边界的开放性；三是旨趣的一致性与非营利性；四是交往结构的扁平化；五是对网络技术的生存依赖性。[①] 对于网络社群何以形成的追问也一直未停止，目前主要存在三种观点，同时这三种观点也构成了探讨该问题的三个视角：首先是传播技术视角，认为传播技术的进步，尤其是互联网技术的来临是网络社群得以形成的关键力量；其次是需求与满足视角，注重从当代社会个体心理需求与满足维度考察网络社群的形成；最后是关系变迁视角，主要从网络社会中人与人、人与社会关系模式的改变层面探讨网络社群。[②] 而在政治学家的视角中，"网络社群通过特有的'正义'（过程）规范个体实现利益诉求最大化的行为，促成'道德'约束不同利益网络社群的互动交流"[③]。

20 世纪 80 年代以来，在与自由主义争论的过程中政治哲学领域相继提出了"社群主义"与"网络社群主义"概念。自由主义被认为是一种个人主义，个人为了实现自身利益而聚集在一起；社群主义是一种集体主义，主张不是个人优先于集体，而是集体优先于个体。[④]"社群主义"与"网络社群主义"的比较如表 2-3 所示。

表 2-3　"社群主义"与"网络社群主义"比较

比较的内容	社群主义	网络社群主义
提出背景	诞生于 20 世纪 80 年代对自由主义的批判	1. 与互联网密切结合。 2. 以 1990 年 10 余位横跨政治学、社会学、伦理学的研究者联合发布的《回应性社群：权利与责任》为标志

---

① 庞正、周恒：《场域抑或主体：网络社群的理论定位》，《社会科学战线》2017 年第 12 期。

② 杨江华、陈玲：《网络社群的形成与发展演化机制研究：基于"帝吧"的发展史考察》，《国际新闻界》2019 年第 3 期。

③ 高宪春：《新媒介传播语境下的网络社群"正义观"及影响分析》，《南京社会科学》2015 年第 8 期。

④ 姚大志：《什么是社群主义》，《江海学刊》2017 年第 5 期。

续表

比较的内容	社群主义	网络社群主义
基本主张	1. 社群先于个人。 2. 成员构成是以共同的善或共同的利益为基础。 3. 共享信念与情感。 4. 成员的身份认知由社群决定	1. 社群成员身份的复杂性与多元性。 2. 基于共同兴趣的自由缔结
核心问题	正义	道德

资料来源：韩笑笑：《社群主义与网络社群主义比较研究》，《哈尔滨学院学报》2020 年第 8 期；姚大志：《什么是社群主义》，《江海学刊》2017 年第 5 期。

第二，网络社群与社会治理。

兴起于 20 世纪 30 年代的"治理"（Govern）理念"实质是建立在市场原则、公共利益和认同之上的合作。它所拥有的管理机制不是依靠政府的权威，而是合作网络的权威，其权力向度是多元的、相互的，而不是单一的和自上而下的"[1]。然而，网络社群作为连接个体与社会的中间群体[2]，为社会治理提供了广阔空间。

从社会治理的角度看，网络社群的兴起为社会个体提供了发表意见，表达利益诉求的渠道。在这个意义上，有研究者提出网络社群的三重效应：信息效应、资源效应、监督效应。他指出三重效应对公共决策既产生正面影响，也产生负面影响。[3] 在新冠肺炎疫情期间，我们经常可以看到这样的经验场景：有人通过网络社群组织进行信息求助与社会募捐、社区通过网络社群了解人员流动情况、学校借助网络社群开展教学活动……网络社群表现出特殊的社会治理潜能。然而，网络社群也在另一个层面存在风险，比如，有研究

---

[1]　俞可平：《治理和善治：一种新的政治分析框架》，《南京社会科学》2001 年第 9 期。

[2]　张华：《网络社群的崛起及其社会治理意义》，《编辑之友》2017 年第 5 期。

[3]　张彦华：《网络社群的三重效应及其对公共决策的影响研究——基于传播政治经济学的视角》，《宁夏社会科学》2020 年第 2 期。

者指出，"网络社群也会带来谣言的裂变式扩散、容易成为情感宣泄场和集群行为的号召地等社会风险"①。与此同时，网络社群民粹主义话语也可能会出现直接或间接的减弱，消解社会主流话语的传播力、影响力与公信力。② 因此，网络社群既是进行社会治理的手段、方式与场域，也是社会治理的对象。

网络社群的舆情演化机制是近年来研究者们关注的另一个重点。有研究者提出，网络社群舆情大致经历了这样的演化轨迹：舆情精华主题—舆论议题升级—社会舆情互动—舆论引导网民行为—网民群体行为。针对此问题，该研究者提出了"修正网页推送机制""强化意见领袖对舆情的解读和释疑能力"等管理策略。③ 李根强、罗艳艳、臧学莲通过仿真实验研究发现，网络社群的舆情治理中应该格外重视"开放型网络社群"和"强关系型网络社群"，具体而言，开放型网络社群中的舆情观点聚合速度较快，同时，强关系和强凝聚力的网络社群同样可以实现舆情观点的快速聚合。④ 所以，这两种类型的网络社群发酵舆情的能力更强，相应地，治理难度也更大。

第三，作为文化的网络社群。

从文化的视角对网络社群展开探讨，或将网络社群直接视为一种文化实践加以研究，是网络社群研究谱系中不可忽视的一种取向。徐成华与周健认为，网络社群具有跨域科层性、互动的符号中

① 闫华、李晓一：《重大疫情下网络社群的风险治理研究》，《辽宁行政学院学报》2020年第4期。
② 张彦华、崔小燕：《网络社群民粹主义话语的风险溢出及其智慧治理研究》，《海南大学学报》（人文社会科学版）2021年第3期。
③ 刘继：《网络社群的舆情演化机制分析》，《情报探索》2014年第5期。
④ 李根强、罗艳艳、臧学莲：《基于有界信任模型的网络社群舆情观点演化研究》，《情报科学》2017年第6期。

介性、自我赋权性等若干文化特征。① 在该研究取向下，有研究者细致考察了"帝吧"作为一种网络社群文化的形成与嬗变逻辑，具体而言，"帝吧"在反粉丝文化与仿粉丝文化之间得以生成，同时，也经历了从"屌丝"到"正能量"的主流化转型与升级。②

粉丝是"作为文化的网络社群"研究取向中的一个关键词与核心概念，而所谓"粉丝"，即以追星娱乐为主要诉求而聚集形成的社会群体。赵丽瑾认为，分享、协作、集体行动使网络粉丝社群得以形成，同时，网络粉丝社群内部存在弱耦合结构等复杂的动员机制。③ 可以说，情感是理解网络粉丝社群的核心要素，刘国强与蒋效妹等研究者借助人类学家维克多·特纳（Victor Turner）的仪式分析中的动力学以及社会学家兰德尔·柯林斯（Randall Collins）的"情感能量"理论建构出网络粉丝社群中情感从聚集到衰退的动力机制模型，这为理解网络粉丝社群集体行动的内在逻辑提供了可资借鉴的视角。④ 作为一种青年亚文化，粉丝文化通常难以走出被"意识形态收编"或"商业收编"的宿命，然而，作为情感联盟的网络粉丝社群的崛起使反收编成为可能，由此，网络粉丝社群成为粉丝文化再生产的组织基础。⑤ 张建敏与臧雪文认为，在网络粉丝社群内部，成员通过投入大量的时间、精力以及热情参与文化生产，在这个过程中，对网络粉丝社群所追捧偶像的义务包装与宣传

① 徐成华、周健：《网络社群的文化特征研究》，《湖南工业职业技术学院学报》2011年第3期。
② 林品：《从李毅吧到"帝吧"：一种网络社群文化的形成与嬗变》，《媒介批评》2016年第6辑。
③ 赵丽瑾：《粉丝社群的组织结构与动员机制研究》，《现代传播》2020年第8期。
④ 刘国强、蒋效妹：《反结构化的突围：网络粉丝社群建构中情感能量的动力机制分析——以肖战王一博粉丝群为例》，《国际新闻界》2020年第12期。
⑤ 王艺璇：《建构与赋权：网络粉丝社群的文化再生产——基于鹿晗网络粉丝社群的实证研究》，《学术界》2019年第11期。

使网络粉丝社群成员获得情感性满足，进而实现自我认同。① 这在一些研究者看来，实质上是网络粉丝社群的一种情感劳动，而自主性是情感劳动控制的核心机制。②

跳出粉丝社群的范畴，也有研究者对网络社群中的红包、表情包等文化实践进行研究，阐释其中的文化意义及其潜在运作逻辑，这在一定程度上促进了对网络社群与日常生活实践的理性化认识。比如，学者吴震东从人类学视角考察了网络社群中的红包实践，在他看来，网络社群中的红包实际上是传统人类学意义上的"礼物"，借助"仪式""狂欢"等人类学理论资源揭示出在当代人的日常生活中红包在社会交往、符号交换以及情感消费等层面的功能性意义。③ 采取相似的路径，学者张放分析了微信春节红包，在他看来，与传统春节红包不同，微信社群中的春节红包可以界定为一种具有仪式性的互动游戏，它对中国家庭关系可能产生"消融家庭与社交的边界""触动以纵轴为中心的传统家庭关系""解构家庭节庆的神圣空间"等方面的影响。④ 范小青以阿昌族与裕固族为个案，通过田野调查发现，如今网络社群是少数民族文化传播、传承乃至创新的重要场域，为此应着重打造"民族文化网红"。⑤ 他在另一项研究中发现，网络社群为纾解少数民族口头传统（主要指少数民族语言、民族音乐等）传承焦虑与困境提供了新路径，这集中体现在

① 张建敏、臧雪文：《竞赛、表征与狂欢：网络粉丝社群的偶像制造》，《媒介批评》2019 年第 9 辑。
② 王艺璇：《网络粉丝社群中情感劳动的形成及其控制——以 Moonlight 站子为例》，《学习与实践》2020 年第 10 期。
③ 吴震东：《仪式、礼物与狂欢——"微时代"网络社群红包的人类学阐释》，《民族学刊》2017 年第 4 期。
④ 张放：《微信春节红包在中国人家庭关系中的运作模式研究——基于媒介人类学的分析视角》，《南京社会科学》2016 年第 11 期。
⑤ 范小青：《基于新媒体、网络社群的少数民族文化传承——以阿昌族、裕固族为个案》，《民族学刊》2020 年第 3 期。

"口头传统的记录与保存""口头传统的扩散与传播""口头传统的学习与传承"三个方面。①

第三节 关于"新生代"的研究

在"中国知网"以"新生代"为关键词检索（截至 2021 年 9 月 2 日），并生成主题分布共现矩阵图（见图 2 - 2）。从图 2 - 2 可以看出，目前有关新生代的研究不仅活跃在人文社会科学领域，自然科学中的生物学、地质学领域也是新生代研究的重镇。在人文社会科学领域，目前已经形成了以"新生代农民工""新生代""城市融入""政治参与""离职倾向""职业教育"等为主题的研究图景。除此之外，目前还出现了一本专门以"新生代"命名的杂志——《新生代》（共青团四川省委主办）。在对这些文献认真研读之后，笔者从以下几个方面具体论述以往对于"新生代"的研究。

第一，"新生代"的理论探讨。作为一个中国本土的分析概念，以往研究已经对新生代的概念内涵与外延做了阐释，笔者也在前述"核心概念界定"部分对其进行了呈现，这里进一步分析有关新生代的理论探讨。有研究者提出，我国新生代具有"坚定的家国信念""社会宽容度高""善于结群""物质性需求增强""亚文化盛行""自信与自负并存""抗挫能力较差""组织忠诚度低"等群体特点。② 从受教育程度层面来看，新生代是高文化素质的一代，"80后"的大学毛入学率为 28.3%，"90 后"的大学毛入学率更是达到了

---

① 范小青：《时空的补偿与再造：网络社群对少数民族口头传统传承的影响》，《学习与实践》2020 年第 7 期。

② 范宇欣：《中国新生代特点研究综述——基于知网的文献分析》，《新生代》2020 年第 5 期。

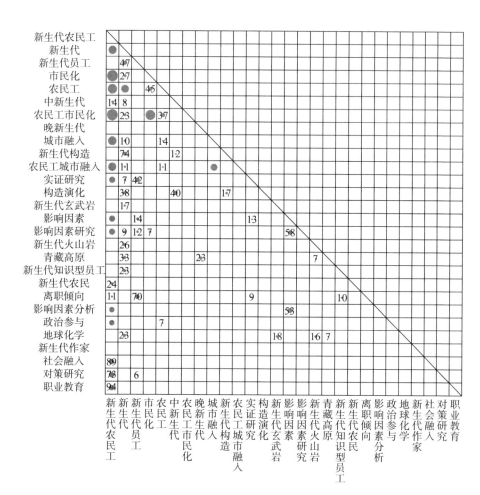

图 2-2　当下围绕"新生代"研究的主题分布共现矩阵

48%。新生代又是"流动迁徙的一代""互联网一代"[1]。

　　然而，新生代这一分析概念本身也面临一些争议，譬如，当将这一概念用于分析流动人口时就遭到一些研究者的质疑。在社会学者王春光看来，新生代流动人口是一个"假设性概念"，"这里最关键的问题是如何识别第一代农村流动人口和新生代农村流动人口，

---

　　①　李春玲：《改革开放的孩子们：中国新生代与中国发展新时代》，《社会学研究》2019 年第 3 期。

换句话说，是否存在一些明显的群体性特征将新生代农村流动人口从农村流动人口中甄别出来"。① 沿着这条思路，同样是在流动人口领域，研究者赵芳以一个村庄为观测点，通过一系列流动人口指标的测量后认为，新生代是一个难以界定的概念，没有一项指标支持这一概念，因此，他提出"新生代流动人口概念的内涵是不确切的……建议取消这个用法或者寻求其他更确切的概念内涵"②。

有研究者提出，从代际社会学的角度展开对新生代的分析③，这是非常富有启示意义的。因为本质上，新生代与代际社会学具有内在的一致性，甚至可以说，新生代属于代际社会学的范畴，是其中的一个分析概念。笔者也是在这个意义上展开对新生代父母育儿行为的研究的，也就是说，将新生代父母的育儿行为放置在代际变迁和代际比较的情景下加以考察。但是，新生代近似于一个宏观概念，新生代的内部是分化的、异质的，这就需要从不同角度就不同类型新生代群体进行深入的、具体的探讨，同时要考虑到不同文化情景、家庭环境等因素对其行为的塑造与影响。

第二，新生代与农民工。将新生代作为一个分析概念应用于农民工研究，形成了"新生代农民工"的概念表述。从目前的研究文献来看，以新生代农民工为主题的研究积累了最多的研究文献。一般而言，新生代农民工是区别于改革开放后第一代农民工的农民工群体，他们在年龄上以"80 后""90 后"为构成主体。新生代农民工在价值观念、行为模式、身份认同等方面与第一代农民工形成鲜明差异，这已经被较多研究者所关注。譬如，李培林等学者的研究

---

① 王春光：《新生代农村流动人口的社会认同与城乡融合的关系》，《社会学研究》2001 年第 3 期。
② 赵芳：《"新生代"，一个难以界定的概念——以湖南省青玄村为例》，《社会学研究》2003 年第 6 期。
③ 李春玲：《代际社会学：理解中国新生代价值观念和行为模式的独特视角》，《中国青年研究》2020 年第 11 期。

指出，与第一代农民工（父辈）相比，新生代农民工具有更强的民主意识，更强调个人权利，在面对劳资纠纷等问题时，表达诉求的手段更加多元，能够利用的资源也更为丰富。[①] 同时，熊易寒的研究发现，新生代农民工更为追求私密空间与生活质量，在城市的社会融入、就地消费等方面体现出更高的需求。[②] 这也意味着，与第一代农民工相比，新生代农民工在城市的需求正在积极从寻求"生存性需求"转变为"发展性需求"。

从目前新生代农民工的社会处境来看，他们既脱嵌于乡村，同时又脱嵌于城市，这使得他们处于"双重脱嵌"的境地。[③] 在这样的语境下，农民工面临诸多社会困境，制约着农民工的进一步发展。比如，来自城市市民的污名化与刻板印象、新生代农民工与城市居民之间缺乏有效的沟通与接纳机制等[④]，进一步加剧新生代农民工城市社会融入难的问题。同时，"双重脱嵌"也产生了子女教育阶层分化[⑤]、家庭与工作不稳定[⑥]、社区意见表达受限[⑦]、身份认同危机[⑧]、社会关系疏离[⑨]等现实问题。此外，由新生代农民工流动带来的留守问题（比如留守儿童、留守老人），是近年来研究者们

① 李培林、田丰：《中国新生代农民工：社会态度和行为选择》，《社会》2011年第3期。
② 熊易寒：《新生代农民工与公民权政治的兴起》，《开放时代》2012年第11期。
③ 黄斌欢：《双重脱嵌与新生代农民工的阶级形成》，《社会学研究》2014年第2期。
④ 冯承才：《社会排斥和自我认同：新生代农民工城市生存困局研究》，《社会发展研究》2021年第1期。
⑤ 尹秋玲：《阶层匹配：新生代农民工随迁子女教育的阶层分化——基于佛山市L镇的田野调研》，《中国青年研究》2020年第10期。
⑥ 周燕玲：《城市、家庭与不稳定工作——以新生代农民工的行动选择为例》，《甘肃社会科学》2021年第1期。
⑦ 赵伯艳、冯婷：《新生代农民工社区意见表达：需求、制约与突破》，《黑河学刊》2021年第4期。
⑧ 周贤润：《消费认同：新生代农民工的身份物化与情感治理》，《当代青年研究》2020年第5期。
⑨ 李晓凤、周思思、李忠路：《新生代农民工生活压力源及群体差异——以深圳市产业工人为例》，《当代青年研究》2021年第2期。

关注的另一个热点话题。从更广泛的意义上观察，在城市，不仅是新生代农民工，随着社会流动性的增强，即使城市人也面临留守的问题。留守问题同样反映在新生代父母的育儿生活中，在第四章的相关分析中具体展开这些内容。

第三，新生代与新媒介技术。新生代是互联网与新媒介技术的拥趸，也是互联网与新媒介技术消费的主力军，这从中国互联网络信息中心历次发布的《中国互联网络发展状况统计报告》中可以窥见一二。张淑燕、刘爽等研究者以社交媒体为切入口探讨新生代的生育观，从性别的角度而言，新生代男性与女性在生育观的多个层面存在差异，同时，新生代女性在自我价值追求与生育行为上存有较大心理矛盾。[1]

从研究内容来看，新生代农民工与新媒介技术的关系问题是目前研究者们关注的重点，这也恰好印证了新生代农民工在目前整个新生代研究领域所占据的重要地位。具体来看主要存在这样几个研究主题。一是，新媒介技术与新生代农民工社会融入的关系。众多研究者提出，互联网与社交媒体等新媒介技术有助于促进新生代农民工的城市融入，同时也为他们提供了一个逃避现实的独立空间。[2]但是，也有研究者通过实证研究认为，新生代农民工的新媒介技术依赖进一步产生了数字隔离的现实难题，这给新生代农民工在城市的社会交往与社会融入造成负面影响。[3] 总之，很难得出一致的结论，这不仅是因为不同的研究者着眼于不同的研究情境而呈现出差异，还在于这一问题本身的复杂性。二是，新生代农民工新媒介形

---

[1] 张淑燕、刘爽、孙新宇：《社交媒体中新生代生育观呈现——基于"杨丽萍微博热搜事件"的内容分析》，《人口与社会》2021 年第 2 期。

[2] 朱文哲：《社交媒体在新生代农民工城市融入中的作用》，《长春师范大学学报》2020 年第 11 期。

[3] 吴梓添：《网络自缚：90 后新生代农民工城市融入的媒介依赖与数字隔离》，《文化与传播》2021 年第 2 期。

象研究。可以说，形象建构是传播研究的传统取向，但是与之前的研究不同，新生代农民工在新媒介形态中的画像为越来越多的研究者所关注。譬如，在社交短视频中表现出的身份焦虑①，在广泛的网络媒体中则存在"奋斗者""行动者""受益者"以及"边缘人""弱势群体"等多元的复杂形象②。三是作为文化的媒介接触。在文化研究的取向下，一些研究者以亚文化为理论框架，探讨新生代农民工的新媒介使用和生产行为。李彪以快手短视频为个案，对新生代农民工所生产的土味短视频的研究发现，该类型的短视频具有四种基本属性，分别是混合性、神话性、非抵抗性、流动性。混合性主要指该类型短视频表现出传统与现代价值观念、不同世代文化元素相互拼贴的风格；神话性是指在土味短视频中艰辛与枯燥的日常生活在新媒介技术的作用下被"神话化"了；非抵抗性指向新生代农民工以短视频为中介的群体身份的再生产；流动性是指作为亚文化的土味文化可能会被主流意识形态和商业资本所整合。③

第四，新生代父母的相关研究。在该脉络下，相关研究或聚焦于母职身份建构，或聚焦于育儿行为，或勾连新媒介技术。具体讨论与分析在"关于育儿的研究"部分已经做了呈现，这里不再进一步展开。

除此之外，新生代员工④、体坛新生代⑤、新生代导演⑥、新生代作家等也受到各领域的关注。

---

① 宋双峰、方晓恬、窦少舸：《从娱乐到表达——新生代农民工基于短视频媒介形象建构的身份认同》，《新闻春秋》2020 年第 4 期。

② 王文娟、鞠玉梅：《网络媒体新生代农民工身份的辞屏构建》，《深圳大学学报》（人文社会科学版）2021 年第 4 期。

③ 李彪：《亚文化与数字身份生产：快手新生代农民工群体土味文化研究》，《东北师大学报》（哲学社会科学版）2020 年第 3 期。

④ 李婷婷、董震、崔凤：《新生代海员职业认同感提升的一项随机对照试验》，《社会工作》2021 年第 3 期。

⑤ 慈鑫、梁璇：《互联网之上的中国体育新生代》，《中国青年报》2021 年 8 月 17 日，第 4 版。

⑥ 赵轩：《"痛感"叙事：新生代导演乡土影像的魔幻现实主义路径》，《北京社会科学》2020 年第 1 期。

第三章　媒介化与媒介化育儿

在第一章我们已经论述到这样一点——以数字传播技术为中介的育儿实践在国际学术界被研究者称为"数字育儿"或"育儿的中介化"。然而，"数字育儿"与"育儿的中介化"这样的概念似乎并没有准确描述当下育儿行为与数字媒介互动关系的实质，至少在中国当代社会语境下，这样的概念作为分析工具缺少一些火候与力度。因此，本研究尝试使用"媒介化育儿"这一概念分析之。

第一节　媒介化及其源起：一个德语概念的延伸

媒介化（Mediatization）作为一个学术概念起源于 20 世纪 80 年代后期和 90 年代初的欧洲大陆，目前形成了以德国、丹麦、挪威等欧陆国家为学术重镇的空间格局。从词源的角度看，"Mediatization"源于一个德语词汇"Mediatisierung"。对于以英语为母语的人而言，这是一个令人尴尬的概念。[①] 这样一个学术概念反映出迥异于美国传播学研究的欧洲传播学特色与传统。

---

① Nick, C., Andreas, H., "Conceptualizing Mediatization: Contexts, Traditions, Arguments", *Communication Theory*, 3（3）, 2013, pp. 191 – 202.

虽然"媒介化"如今是传播学或媒介研究领域中的一个热门话题，但是从目前笔者了解到的文献来看，作为一个学术概念，"媒介化"一词最早出现在文学研究领域之中。1988 年、1989 年，欧洲大陆的文学研究者们在讨论爱尔兰著名后现代主义文学作家詹姆斯·乔伊斯（James Joyce）的现代性与现代主义问题时曾多次使用"媒介化"这一表达，但更多是从文学的角度以语言媒介为主而展开讨论，而较少涉及现代媒介技术的问题。譬如，1989 年，德国埃尔朗根大学的乌尔里希·施耐德（Ulrich Schneider）认为，"Mediatization"这个单词的含义是模糊不清的，对于德语国家的人而言，它首先让人将它与中世纪的历史联想起来，而不是现代主义，因此，他认为这是一个充满哲学和神学内涵的表达。同时，他指出，在当代流行的意义上，如果将"Medium"看作"Mediatization"的词根，那么我们就可以为"Mediatization"赋予一个新的现代含义，使之适用于现代性。① 同样是 1989 年，阿姆斯特丹自由大学的彼得·沃格德（Peter Voogd）认为，"Mediatization"是一个时髦的概念，并将其定义为"使用不同的媒介调和或取代"②。由此可以看出，这个时期关于媒介化的讨论与媒介技术的关系不大。

然而，随着互联网的兴起，媒介变成了一个报纸、广播、电视、报纸网络版、智能广播电视以及微博、微信、抖音、Facebook、Twitter、Youtube 等混杂的世界，这样一个混杂的媒介世界变得复杂、多元甚至让人难以捉摸。而这种认识上的困难与境况源于媒介系统与政治系统、社会系统、经济系统、文化系统等的深刻融合与深度交织，这在经验层面表现为媒介结构性地全面嵌入人们的日常

---

① Schneider, U., "Mediatization in 'Aeolus' and 'Oxen of the Sun'", *European Joyce Studies*, 1 (9), 1989, pp. 15 – 21.
② Voogd, P., "James Joyce, Wyndham Lewis, and the Mediatization of Word and Image", *European Joyce Studies*, 1 (9), 1989, pp. 119 – 125.

生活中。从历史的角度看，媒介从未像今天这样，与人们的日常生活须臾不可分割。在媒介的谱系中，在其诞生之初，大众媒介仅仅是一个传播渠道、一种载体，对之的研究也往往侧重技术的层面。然而，随着媒介的发展，媒介开始成为拥有自身逻辑的独立机构与系统，这在媒介化理论中被概念化为"媒介逻辑"（Media Logic）。[①]"媒介逻辑"是媒介化理论中的一个核心概念。所谓"媒介逻辑"，就是媒介（系统）对社会现实的建构，意味着媒介在现存系统和制度中占据主导地位。从作为"渠道/载体"到"作为一股独立的力量"，媒介的制度化发展过程可见表3-1。

表 3-1　媒介的制度化发展

主要时期（Dominant Period）	制度性特点（Institutional Character）	主导逻辑（Dominant Logic）	媒介系统（Media System）	目标和宗旨（Purposes and Objectives）
1920 年	媒介作为其他机构的工具和手段	受特定利益和兴趣控制	政党报刊、科学期刊等	说服、动员
1920~1980 年	媒介作为文化机构	公众主导	公共服务广播电视等	在公共领域中代表各种机构
1980 年至今	媒介作为一个独立的媒介机构	媒介专业主义	商业媒体、互联网、移动媒体等	服务受众，在寻求差异化媒介系统中出售

资料来源：Hjarvard, S., "The Mediatization of Society: A Theory of the Media as Agents of Social and Cultural Change", *Nordicom Review*, 29（2），2008, pp. 328-354.

整体观之，目前媒介化研究以索尼娅·利文斯通（Sonia Livingstone）、弗里德里希·克罗茨（Friedrich Krotz）、施蒂格·夏瓦（Stig Hjarvard）、尼克·库尔德利（Nick Couldry）、安德里亚斯·赫普（Andreas Hepp）、肯特·阿斯帕（Kent Asp）、温弗里德·舒尔

---

① Nie, S., Kee, C., Ahmad, L., "Mediatization: A Grand Concept or Contemporary Approach?", *Procedia-Social and Behavioral Sciences*, （155），2014, pp. 362-367.

茨（Winfried Schulz）、克努特·隆比（Kunt Lundby）等欧陆研究者为代表，也被称为"欧洲媒介化学派"。接续该研究传统，近年来衍生出媒介化政治、媒介化宗教、媒介化医学、媒介化音乐、媒介化建筑、媒介化童年、媒介化旅行、媒介化记忆、媒介化消费、媒介化死亡等研究主题。

瑞典媒介研究者阿斯帕被认为是第一个论及"政治生活媒介化"的学者，1986年，他在德语著作《大众传媒：政治舆论建构研究》中提出，"一个政治系统很大程度上受到大众媒体在政治报道中需求的影响，并主动与之相适应"。以至于到了2000年以后仍有学者指出，"媒介化"概念化了媒介在政治舞台上的作用和力量，尤其是在欧洲国家。[①] 这与"媒介化"一词的本意相关。历史上在神圣罗马帝国统治下的德国，"Mediatize"意味着"使（君主或国家）从帝国的直接附属国地位降为中介国地位"，因此，媒介化牵涉到政治权力的削弱。[②]

第二节　媒介化研究的三种进路

20世纪90年代后期以降，兴起于欧陆的媒介化理论逐渐成为国际学术界关注的热点话题，穿梭于传播学、哲学、社会学、文艺学、政治学等诸多学科领域之间。笔者以"媒介化"为篇名在中国知网进行检索（截至2021年8月10日），共发现相关论文534篇。从图3-1可以看出，从整体上来看，1997～2021年有关"媒介化"

---

① Deacon, D., Stanyer, J., "Mediatization: Key Concept or Conceptual Bandwagon?", *Media, Culture & Society*, 36 (7), 2014, pp. 1032 – 1044.

② Roughley, A., "The Mediatization of Joyce", *European Joyce Studies*, 1, 1989, pp. 189 – 200.

的研究表现出上升趋势，但是，自从 2015 年以来相关文献才出现大幅度增长。历史性地看，1997 年南京大学夏文蓉的《论当代文化的媒介化趋势》一文是我国媒介化领域较早的研究成果之一，同一时期，"媒介化"作为一项研究议题，已经在欧洲得到比较多的讨论。至于作者当时对于欧洲兴起的媒介化研究是否熟悉，也就是说，这篇文献中的"媒介化"与当时欧洲学术界所讨论的"媒介化"是不是同一个层次的概念，我们不得而知。从文本内容上来看，这篇论文并没有与当时欧洲的"媒介化学派"产生直接的勾连，但是却存在一些相似之处，比如，夏文蓉认为，20 世纪 90 年代文化的繁荣是媒介工业的产物。

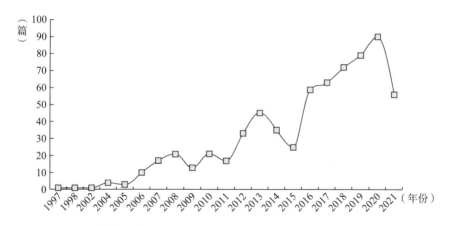

图 3 - 1　"媒介化"相关研究成果发表年度趋势（1997 ~ 2021 年）

就研究内容而言，这些研究要么将媒介化作为研究的语境或背景，要么以译介和理论反思为主。从整体上来看，目前相关研究主要集中在以下三种视角。

一　媒介化理论阐释

20 世纪 90 年代后期，媒介化是作为一个理论命题被欧陆研究者们提出来用以考察媒介与社会的深度互嵌。具体而言，"媒介化"被用来观察特定社会生活领域的转变，且着重于观察特定媒介形式出现后带来的社会生态转变。[①] 用丹麦学者施蒂格·夏瓦的话说，"媒介化隐含社会与文化行动的核心成分，逐渐披上媒介的形式"。为了描述媒介化进入数字时代以后的新阶段以及所呈现出的新特征，媒介化理论的开创者之一安德烈亚斯·赫普提出"深度媒介化"（Deep Mediatization）的概念，以此揭示无孔不入的数字媒介作为一种基础设施在当代社会中发挥的基础性作用。

在如火如荼的理论讨论中形成了理解媒介化的物质性视角、制度主义视角、社会建构论视角等。相对而言，制度主义者认为，媒介化被视为一个非媒介行动者必须适应媒介规则、目标、生产逻辑和约束的过程，而在社会建构主义的观点中，媒介化被看作一个不断变化的信息传播技术所驱动的文化与社会不断变化的传播结构的过程。

尼克·库尔德利和安德里亚斯·赫普曾详细考察使"媒介化"这一概念得以成立的三个条件：（1）随着互联网和社交媒体的风起云涌，媒介在我们日常生活中扮演的角色越来越重要，换言之，媒介在我们的生活结构中每天都作为孩子、朋友、家庭和工作的基本参考点；（2）媒介超越了20世纪80年代以来"生产—文本—受众"的线性传统，开始以开放式的非线性方式与我们的生活交织在一起；（3）权力不再栖息于权力机构内部，而是无处不在，媒介成为一种塑造社会现实的权力机制。[②] 同时，他们认为，媒介化代表着对媒介和传播研究的重新定位，即从以媒介/传播效果模型转向

---

① 唐士哲：《重构媒介？"中介"与"媒介化"概念爬梳》，《新闻学研究》2014年第121期。
② Nick, C., Andreas, H., "Conceptualizing Mediatization: Contexts, Traditions, Arguments", *Communication Theory*, 3 (3), 2013, pp. 191–202.

更加广泛的"媒介化",以此捕捉媒介嵌入日常生活的更广泛的后果。

与全球化（Globalization）、商业化（Commercialization）和个体化（Individualization）一样,"媒介化"（Mediatization）中的"ization"具有批判和表达的功能。媒介在社会变化过程中所扮演的关键角色可以概念化为"扩展"（Extension）、"替换"（Substitution）、"合并"（Amalgamation）、"适应"（Accommodation）。①

二　对媒介化理论的反思与批评

众多的媒介化理论也遭遇了一些学者的批评。为避免媒介化成为一个"无效概念",有批评者直接将批评的矛头指向媒介中心主义,更有甚者呼吁反思我们是否真的需要"媒介化"这一概念,抑或可否抛弃这一概念。面对批评,Deacon 与 Stanyer 回应称,他们试图透过媒介化理论找到一个整体的理论解释框架来解释和分析社会变迁过程。②

2014 年前后,媒介化理论在欧洲大陆招致了一些批评,这些批评主要围绕"媒介因果关系"（Media Causality）、"媒介中心主义"（Media Centrism）展开。在这些批评中,英国学者大卫·迪肯（David Deacon）和詹姆斯·斯坦耶（James Stanyer）的批评最具系统性,在他们看来,媒介化正在成为一个具有广泛影响力的新概念,它将媒介置于文化、政治和社会发展的中心,但是下述问题是显而易见的,首先,引发变革的媒介化动因往往被狭隘地界定,同时,

---

① Schulz, W., "Reconstructing Mediatization as An Analytical Concept", *European Journal of Communication*, 19 (1), 2004, pp. 87 - 101.

② Deacon, D., Stanyer, J., "Mediatization: Key Concept or Conceptual Bandwagon?", *Media, Culture & Society*, 36 (7), 2014, pp. 1032 - 1044.

非媒介因素的角色在媒介化过程中往往被忽视；其次，媒介化往往被认为具有一种与生俱来的强大力量；最后，对"媒介逻辑"的强调忽视了其他社会逻辑的存在与作用。因此，他们认为，媒介化是一个潮流概念，而不是关键概念。①

面对围绕"媒介化"的种种争议，英国学者约翰·柯纳（John Corner）旗帜鲜明地说，使用"媒介化"这个概念表示媒介—社会—历史的变化是没有问题的。Nie 和 Kee 等研究者指出："具有讽刺意味的是，媒介系统自身是媒介化研究中被忽视的一个领域。媒介无疑改变了其他机构和系统，但是媒介内部的媒介化怎么样呢?"②

三　媒介化的经验研究

随着媒介化研究的深入，一些学者们走出宏大理论阐释的研究路径，走向人们鲜活的社会生活经验。注重探讨人们社会生活的媒介化是如何发生的。目前，相关讨论主要涉及媒介化旅游、媒介化消费、媒介化游戏、音乐的媒介化、文学的媒介化、社会运动的媒介化等。目前，国内对于媒介化的研究还处于前沿译介到本土化的过渡阶段，2018 年第 5 期《新闻传播研究》组织了专题讨论文章。同时，也有一些学者基于中国媒介实践展开探讨。从前面的分析中可以看出，媒介化理论具有政治研究的传统，在该传统下，闫文捷和潘忠党等学者以媒介化为理论视角探讨当下电视问政中"媒介逻辑"与"政治逻辑"的交织，提出了媒介化治理在我国社会语境下

---

① Deacon, D., Stanyer, J., "Mediatization: Key Concept or Conceptual Bandwagon?", *Media, Culture & Society*, 36 (7), 2014, pp. 1032 – 1044.
② Nie, S., Kee, C., Ahmad, L., "Mediatization: A Grand Concept or Contemporary Approach?", *Procedia-Social and Behavioral Sciences*, (155), 2014, pp. 362 – 367.

的本土实践、意义及其局限。^①黄旦则以历史的眼光，借助媒介化政治的理论框架，考察了 1903 年的《苏报》，洞察特定历史天空下，媒介自身逻辑如何改变与形塑政治。^②戴宇辰与孔舒越围绕手机与地铁乘客的移动节奏的经验研究，尝试提出"媒介化移动"这一分析概念。^③但是，这样的研究目前还比较鲜见。

第三节 从"中介化育儿"到"媒介化育儿"

"中介化育儿"与"媒介化育儿"看似是一种文字游戏，细察之，它们内在地反映出现代传播媒介在日常育儿生活中扮演的角色差异。当然，这不是一种媒介中心主义，或带着"技术决定论"的倾向，因为无论是"中介化育儿"还是"媒介化育儿"，在从现代传播媒介角度考察育儿行为时都会关注到社会情境、文化脉络以及家庭等多元维度。

在"媒介化转向"的语境下，欧洲媒介与文化研究者们以"媒介化"概念描述媒介在当代社会方方面面与日俱增的影响力。^⑤回到育儿的语境之中，一般意义上而言，当大众传媒成为获取育儿信息与资源的一个可供选择的渠道时，也就是说，当报刊、广播、电视等成为育儿信息的一个重要来源时，育儿的中介化就已经开始了。前面已经提及新中国成立后，1952 年商务印书馆出版了《苏联家庭育儿法》一书。在我国，由大众传媒所主导的 20

① 闫文捷、潘忠党、吴红雨：《媒介化治理——电视问政个案的比较分析》，《新闻与传播研究》2020 年第 11 期。

② 黄旦：《报纸革命：1903 年的〈苏报〉——媒介化政治的视角》，《新闻与传播研究》2016 年第 6 期。

③ 戴宇辰、孔舒越：《"媒介化移动"：手机与地铁乘客的移动节奏》，《国际新闻界》2021 年第 3 期。

世纪 80 年代，中央人民广播电台便推出了育儿节目，后来将节目内容结集出版了育儿科普书籍《妈妈育儿指南》（科学普及出版社，1980）。与此同时，20 世纪八九十年代有关育儿的科普读物的译著也丰富了起来，这些书多译自美国、法国与日本，诸如《育儿知识大全》（〔美〕本杰明·斯波克，1983 年）、《新育儿大全 0~5 岁》（〔日〕高桥悦二郎，1987 年），等等。但受当时大众传媒普及率较低、社会识字率不高等因素的限制，大众传媒在育儿实践中发挥的实际作用有限。按照目前学术界关于"中介化"的讨论，"中介化"作为一个微观或中观概念，强调的是一种桥梁的角色。[①] 在媒介研究领域，唐士哲认为，"中介化"探索的是组织化的媒介。[②] 因此，从上述讨论中可以发现，在"中介化育儿"的实践中，大众传媒仅仅是获取育儿信息的一种工具和手段。同时，在"中介化育儿"的语境下，育儿主体与大众传媒的互动呈现出由大众传媒主导的从大众传媒到育儿主体的单向传播的特点。

然而，21 世纪以来，互联网搜索、BBS、微博、微信、Twitter、Facebook 等数字媒介与现代人日常生活的深度互嵌与融合将"中介化育儿"推到"媒介化育儿"的新阶段，数字媒介在育儿实践中扮演的角色越来越突出。按照欧洲"媒介化学派"的基本主张，"媒介化"蕴含着一种媒介逻辑的指向，社会各领域和人们生活的各方面自然而然地依据媒介逻辑进行呈现、互动与运行。[⑥] 可以说，当"媒介逻辑"成为塑造与理解育儿实践的一个难以绕过的维度时，"媒介化育儿"就变得可能了。因此，"媒介化育儿"意味着媒介在父母的育儿经验中有意识或无意识地成为一个独立的主导因素。总

---

① 周翔、李镓：《网络社会中的"媒介化"问题：理论、实践与展望》，《国际新闻界》2017 年第 4 期。
② 唐士哲：《重构媒介？"中介"与"媒介化"概念爬梳》，《新闻学研究》2014 年第 121 期。

之，"媒介化育儿"不仅是描述媒介逻辑介入育儿实践的经验现象，还意味着育儿实践/经验遵循媒介运作逻辑而展开的客观事实。如此一来，"媒介化育儿"情境中的"媒介"就具有了布鲁诺·拉图尔（Bruno Latour）意义上的"行动者"的丰富内涵。综上所述，本研究认为，"媒介化育儿"中的"媒介"侧重指涉数字媒介，尤其是其中的"个人媒体"（贴吧、BBS、微博、微信等）。需要指出的是，"媒介化育儿"并不排斥"中介化育儿"，或者说，"媒介化育儿"并不是对"中介化育儿"的完全抛弃。概而言之，"媒介化育儿"以"中介化育儿"为基础，是"中介化育儿"的延伸和拓展。因此，本研究认为，"媒介化育儿"强调两个方面的意义：第一，"媒介"作为一种育儿工具和手段，这是"媒介化育儿"的基本内涵；第二，"媒介逻辑"或媒介作为"行动者"对育儿行为和育儿生活的塑造，这构成了"媒介化育儿"的核心。"中介化育儿"与"媒介化育儿"的比较见表3-2。

表3-2　"中介化育儿"与"媒介化育儿"的比较

比较的内容	"中介化育儿"	"媒介化育儿"
"媒介"的含义	大众媒体 （报纸、广播、电视、科普读物等）	个人媒体 （贴吧、BBS、微博、微信等）
"媒介"的角色	工具、渠道、手段	"行动者""形塑力"
实践特点	单向互动、媒介主导、封闭	双向/群体互动、个体主导、开放
实践主体	以"中生代"为主 （"60后""70后"）	以"新生代"为主 （"80后""90后"）

在媒介化的过程中，媒介化理论的主要奠基者之一施蒂格·夏瓦认为存在"直接媒介化"与"间接媒介化"两种形式和类型。[1]

---

① 〔丹麦〕施蒂格·夏瓦：《文化与社会的媒介化》，刘君译，复旦大学出版社，2018，第103页。

按照夏瓦关于"直接媒介化"与"间接媒介化"的描述，我们可以尝试进一步将"媒介化育儿"分解为两种形式："直接媒介化育儿"与"间接媒介化育儿"。"直接媒介化育儿"是指先前未媒介化的育儿活动转换为媒介化形式的情形，简而言之，育儿活动借助某种媒介完成。具体而言，在传统社会，育儿过程中熟人之间与代际的育儿经验传递展现出了显著的作用，这往往发生在家庭或村落等物理空间之中。而"直接媒介化育儿"则意味着，置身媒介化社会，当下育儿实践中在网络上陌生人之间传递的育儿知识、亲身育儿经验扮演的角色不可忽视。比如丁香妈妈、妈妈网、童爸育儿等育儿平台的涌现，是"直接媒介化育儿"的典型经验。"间接媒介化育儿"是指育儿活动在方式、组织、语境等方面越来越受到媒介机制或媒介逻辑的影响和塑造，这种影响和塑造不仅随着媒介的发展而日益强大，而且往往不容易被育儿主体所察觉和意识到。本研究认为，"直接媒介化育儿"是媒介逻辑发挥作用的开始和第一步，而"间接媒介化育儿"则是展现"媒介逻辑"与媒介作为"行动者"的焦点，是一种深度媒介化的显现。

苏埃特·奈伊（Suet Nie）等研究者认为，媒介化是一个来自非英语母语的欧洲国家的概念，这一概念尚未在亚洲确立，像中国、日本、韩国等亚洲国家的媒介正在飞速发展，因此，在亚洲国家尤其是发展中国家开展媒介化的研究是非常重要的。[①] 在这个意义上而言，本研究将考察作为"行动者"的育儿微信群如何重塑新生代父母的日常育儿生活世界。

---

① Nie, S., Kee, C., Ahmad, L., "Mediatization: A Grand Concept or Contemporary Approach?", *Procedia-Social and Behavioral Sciences*, (155), 2014, pp. 362 – 367.

第四章　育儿信息互惠：焦虑的消解
与区隔的强化

本章和第五章将"深描"以微信群为中介的媒介化育儿是如何展开的，如果说本章即将展开的"育儿信息互惠"维度表现出较强的媒介使用与满足的影子，那么，第五章即将讨论的"育儿闲话"的实践则流露出微信群在新生代父母育儿生活中的"媒介逻辑"。

第一节　群内育儿信息互惠的两个维度

互惠（Reciprocity）是人类社会的重要法则，美国著名社会学家霍华德·贝克尔（Howard Becker）使用"互惠的人类"（Homo Reciprocus）一词来描述人类以及人与人之间的交往关系，德国社会学家格奥尔格·齐美尔（Georg Simmel）进一步指出，人们之间的所有交往行为都是基于给予和回馈/回报的模式，如果没有"给予和回报之间的互惠"，社会的均衡和凝聚力就不可能存在。[1] 作为一种人类社会的普遍现象，互惠行为是社会个体之间进行社会互动的

---

[1]　冯钢编选《社会学基础文献选读》，浙江大学出版社，2008，第338~366页。

基础。① 著名人类学家萨林斯（Marshall Sahlins）将互惠行为更进一步细分为"概化互惠"（Generalized Reciprocity）、"均衡互惠"（Balanced Reciprocity）、"负化互惠"（Negative Reciprocity）三种类型。"概化互惠"型不计价值、不计回报时间，通常出现在家庭成员之间，"均衡互惠"型则带有明确的计算性，要求价值相当和报偿时间明确，而"负化互惠"型指为自己的利益而占别人便宜的交换，较多发生在竞争者、陌生人、敌人之间。② 由此观之，互惠行为不仅存在于古代社会也存在于现代社会，不仅发生在"熟人"之间也存在于"陌生人"之间。缺少对血缘、地缘、业缘等连接纽带的依赖，互惠对于本研究所考察的两个育儿微信群至关重要。换言之，这两个育儿微信群的存在离不开互惠行为的维系。

置身于网络陌生人的互动情境下，在 W 育儿微信群与 H 城育儿微信群中，新生代父母的现实生活中的一些社会位置和角色被暂时搁置，共同作为"母职"或"父职"的角色在这里被留存下来，并成为连接群内成员的唯一纽带，甚至可以说，它因"育儿互惠"而存在，群内新生代父母的交往和互动也多以此为中心展开。笔者长期的参与式观察发现，虽然随着孩子年龄的增长，在这两个育儿微信群里新生代父母之间讨论的话题也会随之发生迁移（例如，在 W 微信群成立之初，群内成员的孩子比较小，讨论的话题多围绕"哺乳"等展开，随后的话题变为"添加辅食""学翻身""爬行""断奶""走路"等），但彼此之间的育儿互惠行为主要围绕"育儿知识的相互推送"与"亲身育儿经验分享"两个方面展开，表现出日常性的特征。也就是说，在本研究的两个育儿微信群中，"育儿知识的相互推送"与"亲身育儿经验分享"是惯例性和典范性的线

---

① 刘军：《一般化互惠：测量、动力及方法论意涵》，《社会学研究》2007 年第 1 期。
② 杨丽云：《人类学互惠理论谱系研究》，《广西民族研究》2003 年第 4 期。

上互动行为。

需指出的是，通常而言，"知识"与"经验"是一组纷繁复杂的概念，两者亦非截然对立的概念。本研究选择这两个概念表述新生代父母之间在微信群里的育儿互惠行为，"知识"具体指育儿科普知识，它是经过科学研究验证，并在微信群内新生代父母间相互传播。从这个意义上而言，本研究中的"知识"概念比较接近于彼得·伯克（Peter Burke）对于"知识"概念的界定，即蕴含着经过深思熟虑地或系统性地对事实的解释。[①] 相对而言，"经验"强调新生代父母间的亲身育儿经验，但其并未经过科学验证，接近于约翰·杜威（John Dewey）的"直接经验"，即强调对实在或生活的直接感知与体验。但是这里的"经验"不同于父辈或祖辈的代际经验，新生代父母更加倾向于接受同辈的育儿经验。下文将详细呈现这一点，这进一步凸显了新生代父母与父辈或祖辈之间的代际育儿区隔与边界。如此一来，育儿微信群中的"育儿知识的相互推送"与"亲身育儿经验分享"本质上构成了一种"信息互惠"。

一 育儿知识的相互推送

新生代父母不再满足于依赖父母辈或祖辈积累的经验知识展开育儿实践，而是通过互联网和社交媒体积极寻求"科学的"现代育儿知识，表现出较强的学习与交流的自主意识以及育儿主体性。整体而言，在这两个育儿微信群中，新生代父母获取育儿知识主要通过以下两种方式实现。

一是经由群内智能小机器人实现的知识共享。比如，在 W 育儿

---

① 〔英〕彼得·伯克：《知识社会史（上卷）：从古登堡到狄德罗》，陈志宏、王婉旎译，浙江大学出版社，2017，第 12 页。

微信群中有一个智能机器人"小叮当"，这是由群内一些新生代父母自愿出资购买的一项智慧服务，当群内成员在育儿中遇到困惑时，以相应关键词@小叮当，小叮当立刻便会将相关医学知识在群里推送。例如，2018年5月18日，W微信群一位新生代母亲以"湿疹"为关键词@小叮当，小叮当随即将《那些琳琅满目的湿疹膏》《宝宝湿疹，能打疫苗吗?》《胎脂、黄疸、红斑……快速识别婴幼儿的皮肤问题!》《幼儿急疹、风疹、麻疹、猩红热……都是什么样子? 怎么治疗和护理?》等科普文章推送到群中（见图4-1），以此帮助新生代父母更好应对这一问题。

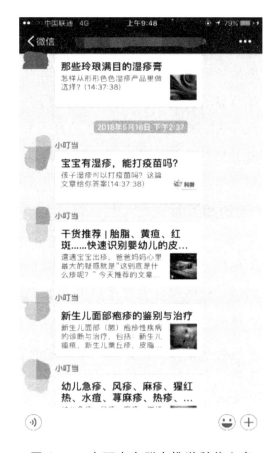

图4-1　小叮当在群内推送科普文章

二是新生代父母间的育儿知识相互推送。群内的很多新生代父母都养成了"看到不错的科普文章就收藏起来"的习惯，他们在日常生活中遇到困惑总是在群内求助。2018 年 6 月 28 日，一位新生代母亲在群内问："氨酚黄那敏是不是现在都不建议吃了？"随即另一位新生代母亲便在群内连续推送了《小儿氨酚黄那敏能吃吗》《西药小儿氨酚黄那敏出事，感冒要吃中药？求解这句中有几处错误》《外国禁用的儿童常备药，国内电视广告还天天在播》三篇科普文章（见图 4 - 2）。与 W 微信群中育儿知识的推送模式不同，在 H 城育儿微信群中，育儿知识的传播除了新生代父母间的相互推送，就是每天由管理员推送。例如，2019 年 4 月 11 日，管理员易梳在群内推送了这样的内容："@ 所有人《今日知识：热性惊厥不一定发生在高热时》;《今日推送："泡过农药"的驱蚊衣物可以安全给孩子穿吗?》。"（见图 4 - 3）这样的"收藏"与"推送"习惯在一定程度上体现出新生代父母对微信群内育儿信息消费较高的事实。

为什么相信群内的这些看似缺乏权威依据的科普知识呢？深度访谈中，一位新生代母亲的观点颇具代表性："群内的科普帖都是经过筛选后才被推送的，因为只有别的父母看过，并且认为是好的才会收藏起来。更重要的是，这些科普帖能够从头到尾把一个问题讲清楚，而不是上来就告诉人们结果。比如我们经常会遇到孩子发烧的问题，很多父母的感受是一到医院往往会先抽血化验，然后再开药。但科普帖不仅会告诉我们孩子为什么会发烧，还会科普发烧不同阶段的临床表现与特征，这样能更好地指导父母对孩子进行家庭护理，更重要的是能让孩子少受折腾。"

不过，从"知识类型"这一点来看，在这些育儿知识的相互推送中值得注意的是，在育儿微信群中如果说以"科普文章"或"科普帖"为载体的育儿知识是一种较为严肃或正式的知识，解决的是

图 4 - 2　新生代父母相互推送　　图 4 - 3　H 城育儿群中的育儿
　　　　育儿知识　　　　　　　　　　　　知识推送

较为正式的育儿问题，比如，什么是幼儿急疹，如何应对等，具有鲜明的确定性。那么，在"育儿知识相互推送"中还有一种知识类型，本研究将其命名为"协商性知识"。相较之下，它体现出明显的琐碎性、非正式性，具有一种不确定性。

　　因此，育儿微信群的一个不可忽视的功能就是"协商性知识"的生产，换言之，孩子家长根据自己在生活中的经验对其进行理解，然后在群内讨论、传播，这标志着新生代父母育儿知识的自我生产。在两个育儿微信群内交往中，"协商性知识"生产的出现频率是排在第一位的线上互动类型。

　　下面摘录了 2018 年 5 月 10 日 W 育儿微信群中新生代父母关于

"应该给 1 岁的婴幼儿喝什么纯牛奶"的协商性知识生产的部分内容。这表面上看起来显得有些琐碎，但这恰恰是新生代父母"精细化育儿"或"精细化喂养"的生动体现。

October：你们准备给孩子喝什么纯牛奶呀

October：哪里购买

October：求安利

会飞的梦：我准备把这个问题扔给我妹妹研究，让她给我寄来，反正不打算喝国内的奶源了

Jessie：液态奶这样寄不会太费钱吗［表情］

会飞的梦：有冷链运输还好

再加油一点：牛奶无所谓了我觉得，常温奶都可以的

再加油一点：什么安佳金典这些

One 九：超市很多进口奶，不放心国内奶源的话买那些就好了

再加油一点：只要纯牛奶就好了，现在国内不管进口还是国产监管的都挺严格的，尤其母婴这块，好多奶的奶源也是进口的

再加油一点：我觉得问题不大，随便买买就好了［表情］

下雨爱打伞：有木有自己做酸奶的用什么菌比较好［表情］

下雨爱打伞：还是我们平时做的酸奶那种菌就可以了？

澄澄清：光明的致优不错，我的一个妈妈群里的都给娃喝致优

小萌萌：你们 1 岁都换纯奶啦？

Jessie：我打算母乳奶粉纯奶都给喝［表情］

Jessie：我感觉我每天做的辅食肯定不够营养量的所以还是

得喝奶粉纯奶就是外出或者不方便的时候给

    会飞的梦：纯奶就佐佐餐之类的

再比如，2018 年 5 月 3 日，W 育儿微信群中一次围绕"为什么不给小孩吃冷饮"的简短讨论也体现了新生代父母对育儿知识的自我解读与生产。以下是部分讨论。

    October：[表情] 请不要以爱的名义给他吃冰激凌。为什么孩子不要吃冷饮？因为夏天吃冷饮，就等同于把 0℃的水倒进 37℃的胃里，可小便却是热的，人体的温度是 37℃，是谁把 0℃的冰水转化成 37℃的尿液呢？是脾胃！脾胃喝了以后受不了，没有能力再运作，就从肾里面调出元气转化成热能来给它加热成 37℃，最后肾气就不足。这样会导致孩子体质逐渐变差，容易感冒厌食挑食，还会发展出各种慢性病，比如鼻炎、咽喉炎等，如果真的爱孩子，请给他杯温开水 [表情]

    October：话说以前在某某群里，都说孩子能吃冰的，我一点都不赞成

    October：其实中医说的也没错吧，就把中医喷得这么没用。我也是醉了

    考拉的世界：因人而异吧，话说国外人的体质是喝冰的

二　多元育儿经验的获取与分享

然而，不管何种类型的知识，从一般意义上而言，知识是有限度的。正如瑞典社会学家汤姆·伯恩斯（Tom Burns）所说，人类出于自身目的创建了社会系统，但是人们创建系统的知识却是极为有

限的，这些有限的知识使人们无力应对或处置复杂而又富于变化的系统。① 从这个意义上而言，新生代父母间相互推送的科普知识同样是有限度的，并不能解决他们初履父职或母职的所有育儿疑惑，尤其是面临子女生病的真实情境时，孩子的个体差异性进一步凸显了知识的不确定性与新生代父母的育儿焦虑。在这样的语境下，育儿微信群中"多元育儿经验的获取与分享"扮演着重要角色，可以在一定程度上起到弥补育儿知识限度的作用。

2020 年 4 月 14 日，一位新生代母亲在 W 微信群中严肃地发起了一个新话题——"要教孩子在电梯里和家人走散怎么解决"，接着，她接连在微信群内发送了三条信息讲述了自己女儿的故事，笔者整理如下。

> "我闺女周日上楼的时候走楼门口的坡道，她一开始推着滑板车走，突然，她松开车把，自己走了，滑板车自己往下滑，我赶紧去抓车，结果我闺女自己进了电梯自己按了楼层上去了。我差了一步，就没赶上乘电梯，急得我赶紧按电梯，她没在里边，也没停在别的楼层，我赶紧按我家楼层，还好她在电梯口。她也吓坏了眼眶都是红的。回去我就教她下次要怎么做，如果是商场要尽快去找工作人员求救。今天和我领导聊起这件事，她说她女儿也有类似的经历，还是在陌生的商场电梯，孩子挤上去了她没上去。她说孩子发现大人不在身边，第一时间是慌的，很难冷静求救，她就教她女儿，如果不记得楼层了就要把电梯里的所有楼层按一遍，如果发现妈妈在门口就出去，如果不在就继续在下一层停，所有楼层都停过了都没找

---

① 〔瑞典〕汤姆·伯恩斯：《结构主义的视野：经济与社会的变迁》（第 2 版），周长城等译，社会科学文献出版社，2000，第 9 页。

到妈妈再下来求救。"

在 W 微信群中，新生代父母还是第一次讨论关于小孩子搭乘电梯的话题，有些新生代父母平时已经注意到这方面的问题，一位新生代母亲表示："每次进电梯，我都跟孩子说，必须跟大人一起，不能自己走，我还担心万一电梯坠落或电梯门坏了什么的。我就是教孩子不能自己进电梯，很严肃的，就跟不能碰电一个等级。"而不少新生代父母则是第一次严肃地意识到这个问题的严重性。一位新生代母亲说，"这真的要提前教好，没有早晚"。像这样的关于育儿经验的分享在两个育儿微信群中十分普遍，这些林林总总的育儿经验在新生代父母的育儿过程中扮演着十分重要的角色。这里的新生代父母的"育儿经验"体现为其对自己育儿生活与经历的直接感知和体验。

因此，对于新生代父母而言，微信群的另一个重要角色是获取多元育儿经验，这里的"育儿经验"是来自新生代父母同辈，而不是传统代际间的经验。与父辈或祖辈的育儿经验相比，当下新生代父母面临着相似的育儿困惑、经历着同样的社会变革，这赋予了他们接近性。德国社会学家卡尔·曼海姆从本质上指出了"代"的运作逻辑，他将代的形成过程与社会变革联系起来，指出生在同一时期、经历了同样的社会变革并形成独特的"历史社会意识"或集体认同，进而影响他们的态度和行为，使之与先前的几代人相区别的一群人。① 因此，新生代父母的育儿经验更能够为其所属群体的育儿实践提供有益参考。在相关的社会学研究中，研究者倾向于将父辈或祖辈的育儿方式称为"经验育儿"，即生养抚育之事主要依靠

---

① 吴小英：《代际冲突与青年话语的变迁》，《青年研究》2006 年第 8 期。

代际经验的传递；而将年轻一代父母的育儿方式称为"科学育儿"，即育儿以经过科学证明的科学知识为主要依据。[①] 根据本研究长期参与式观察发现，新生代父母并非完全排斥"经验育儿"，但他们更加倾向于接受同辈的育儿经验，而不是源自父母辈或祖辈的育儿经验。这折射出"并喻文化"的特征，在"并喻文化"中，年轻一代与他们的父辈或祖辈的经验表现出明显的差异和冲突，老一辈不再是年轻人的行为的典范，同代人之间的学习交流成为主要的行为模式。[②]

在遇到相关育儿话题时，一些新生代父母会将自己的育儿经验在群内同其他成员分享，这往往会在群内激起更广泛的讨论，在如是讨论过程中各式各样的育儿经验得以浮现出来。这种分享在两个微信群内的交流中，出现频率是排在前列的。围绕这些育儿经验的讨论一定程度上能够纾解新生代父母的育儿焦虑，认识到育儿的多重可能性。

2018 年 3 月 30 日，"禾苗"在 W 微信群内提问："到底要不要尽早加肉？"这一提问引起了一些新生代父母的共鸣，有人主张应该尽早在孩子的辅食中添加肉类，有人则表示添加过肉后孩子有不适应的表现，最终话题以"视孩子的具体适应情况而定"的结论结束。以下是部分讨论内容的截取。

> 禾苗：到底要不要尽早加肉？
>
> 小资：快来给我正确的科普
>
> 禾苗：快来给我正确的科普
>
> 淘气宝儿：到底要不要尽早加肉？ +1
>
> 小资：到底要不要尽早加肉？

① 张杨波：《代际冲突与合作——幼儿家庭照料类型探析》，《学术论坛》2018 年第 5 期。
② 吴小英：《代际冲突与青年话语的变迁》，《青年研究》2006 年第 8 期。

Bingo：快来给我正确的科普

淘气宝儿：我上来就加了

小金：尽早加的应该是富含铁的食物吧，肉当然可以，我的理解哈

树树：肉可以加

Bingo：但是从逻辑上尽早加肉可以理解

淘气宝儿：还记住了注意排敏，不过敏就可以了［捂脸］

陈先森：加肉可以的啊

禾苗：我还没让我娃吃肉

Harper：我还给别人说尽早加肉［表情］

小资：我的观念是娃能接受就可以

禾苗：都不知道听谁的了

小资：每个娃也有所不同

禾苗：我还是按我自己的节奏来吧

小资：个体差异也有

禾苗：嗯啦

小资：孩子健康就说明是对的

淘气宝儿：是的，按自己娃的消化吸收能力来

淘气宝儿：我家娃大颗粒就是不行，吃了不消化，水果也不行，一吃就拉肚子

溜溜：我现在也是两餐，一餐米糊，一餐粥

溜溜：我家大颗粒的吃进去，拉出来［偷笑］

像这样的育儿经验分享在微信群内十分常见，这些育儿经验分享具有一定的补偿性。根据长期的线上田野观察，也会发现一些这样的案例，即新生代父母在微信群中的育儿经验分享并不能够就特

定问题给出确凿的答案，进而消除育儿焦虑，但可以促使新生代父母更好地意识到育儿的复杂性与不确定性。例如，2018 年 11 月 20 日，一些新生代父母在 W 微信群中发起了一场关于"打疫苗"的简短讨论。

> Miss_唐：今天打了流感疫苗
>
> 小晴川：我家打了流感的苗。然后光荣的感冒了［捂脸］
>
> Jessie：我家的上次打完两三天就病了，我好纠结今年要不要打［撇嘴］
>
> 再加油一点：流感并不预防普通感冒啊［表情］
>
> Jessie：我大姑也说她女儿每次打完都会病都不知道管事不管事
>
> Jessie：也有可能是巧合，可是心里还是怕怕的
>
> 再加油一点：我家的也没打，前一阵没（疫）苗，最近忘了问
>
> 走走走路：嗯，我家流感打了，发烧［表情］拉肚子，3 天了

有时，微信群内也会出现一些有关育儿的最新消息。例如，2019 年 1 月"流感"（即"儿童流行性感冒"）"卷土重来"，一位在医院工作的新生代母亲于 2019 年 1 月 8 日在群内提醒大家说："刚刚听了一个关于流感的官方报告，我来梳理下：（1）流感高发期，孩子有发热必须重视，不要硬扛不给孩子吃药；（2）常规检查是验血＋咽拭子（如果孩子状态不好不用等到 24 小时）；（3）如果血象检查是病毒感染，但咽拭子是阴性，孩子高热在流感高峰季节，依然建议用药奥司他韦，咽拭子检查存在假阴性，建议遵医

嘱，不建议擅自不用药；（4）流感一定引起重视，不吃抗病毒药很容易导致病情发展迅速，容易引发肺部疾病和急性坏死性脑病，起病急，救治困难，供大家参考。"

很多新生代父母立即意识到了"流感"对于儿童的严重性和危害性。天使宝宝说："之前我闺女不是高烧三天吗？我现在回想起来真的很可能是流感，真是后怕。"嘉嘉说："我身边基本每年都有人因感冒而死……所以我很重视。前几天有个人患感冒引发心肌炎，前一天还好好一起坐电梯，第二天就进 ICU 了，一直以为是普通感冒，不好好对待，从那以后我都不敢轻视感冒了。"像这样的场景在群内随处可见。

至此，我们需要考察另外一个问题：以"育儿知识推送"与"育儿经验分享"构成的育儿微信群中的"信息互惠"会产生怎样的影响呢？当下，超八成的父母在育儿方面存在困惑和焦虑，《中国青年报》社会调查中心的一项调查进一步发现，60.0%的受访者表示自己身边有育儿焦虑的年轻父母居多。一位年轻母亲曾如是描述自己面对的育儿焦虑："我家小宝才 6 个月大，自从得知怀孕的那天起，我就每天都提心吊胆，吃不好睡不好。担心宝宝在肚子里发育的是不是正常，身体是不是健康；会不会被脐带缠住；补哪种钙最好……"① 面对这种焦虑，育儿微信群可以成为新生代父母的重要"帮手"，结合前文的论述不难发现，育儿微信群中的"信息互惠"可为育儿疑惑的解决提供一种参照和借鉴，进而能够一定程度上纾解年轻一代父母的育儿焦虑。

但这并不意味着，育儿微信群中的"信息互惠"在新生代父母的育儿生活中是"万能的"。一些新生代父母对这种意义上的育儿

---

① 九里香：《作为新晋的新生代父母，简直要焦虑到崩溃》，妈妈网，2018 年 10 月 5 日，http://q. mama. cn/topic/50552225/。

信息互惠表现出清晰的认知，譬如，2018 年 5 月 19 日，G 在一次群内讨论中略显无奈地说："真的生病的时候，心里也还是没底，因为小孩子的病情变化比较快，我们毕竟不是医生，科普文看得再多，也是纸老虎一只。"随即，另一位新生代母亲接着说："家长要学会判断孩子的精神状态，学会观察病情，知道到什么情况该干什么，这些不是一天两天能学会的，理论结合实践，才能融会贯通。如果超出你的认知范围，那么就去医院，不要纠结。"这标识出育儿微信群中"育儿知识"与"育儿经验"在现实育儿生活世界中的限度与边界。

第二节　群内育儿信息互惠与线下代际育儿冲突

经由"育儿知识的相互推送"与"亲身育儿经验分享"达成的新生代父母间线上育儿互惠行为将产生何种影响呢？本章第一节所论及的"纾解育儿焦虑"只是其中的一个层面或者说是展现其影响的一个维度。

在进一步分析这一问题之前，我们先来看看下面这个场景，这是北京大学人口研究所的蔡文眉教授作为母亲的切身经历：

"我有四个孩子，（19）48 年年头一个，1949 年底一个，然后 1951 年一个，1953 年一个，四个孩子。生完第一个孩子就工作啊。那时候家里有条件，雇了个小保姆嘛，管着孩子。后来（解放后），我在南京大学做教师，讲大课。我（19）49 年入团，1952 年入党。（19）54 年到 56 年在中央党校学习，算研究生。我怎么带孩子？在南京时，孩子有个保姆，在农村里找的，失业的一个女孩子，20 多岁。她来了，就把家里管着。……那时生四个孩子也没觉得累，主要由于解放以后，幼儿园好。四个孩子都上幼儿园，而且是全托。那个时候幼儿园好啊。管理得非常好，孩子生病从来没有像现在往家里送。如果孩子病了，他们会说，我们把孩子送到传染病院去了，你们要看得到传染病院去看。我们哪来的时间到传染病院去看，从来也没时间，等到孩子出院了，还要有个恢复期，阿姨就带着回家。都是那样管孩子的。所以在这样的条件下，我们才能够全心全意地投入工作。那时，什么孩子都能进（幼儿园）。交的钱也不多。那个时候真是觉得共产主义还是好，小孩儿也有地方管了，而且回来都是一个个长得胖胖的，也没什么负担，你出差也尽管跑，像我经常出差在外面，1954 年到 1956 年小孩儿都在托儿所里。我在中央党校学习时，我在北京，他（丈夫）在南京。孩子都交给他（丈夫）管了。"①

围绕蔡文眉上述关于育儿的口述，佟新与杭苏红提出，在新中国成立早期（1949~1979 年），我国实践出了一种新型育儿模式，整体而言，这是一种有益于解放母亲身心的育儿实践；从政策角度看，社会主义时代学龄前儿童抚育模式可成为一种建立完整的国家对学龄前儿童的抚育制度的可用知识资源。② 而在当下，育儿模式已经发生了很大变化，这可以从以下两个方面理解。其一，信任感的缺失，造就了强大的"专家型"母亲，这不仅表现为（城市知识女性）对长辈或祖辈、传统抚育观的不信任，有时对医生、医院也

---

① 转引自佟新和杭苏红 2003 年 10 月 16 日对蔡文眉教授的访谈，访谈原文参见佟新、杭苏红：《学龄前儿童抚育模式的转型与工作着的母亲》，《中华女子学院学报》2011 年第 1 期。
② 佟新、杭苏红：《学龄前儿童抚育模式的转型与工作着的母亲》，《中华女子学院学报》2011 年第 1 期。

十分谨慎，这种不信任感产生的根源是在一个高风险社会中，对理性、科学、自我的崇尚。① 笔者对新生代父母的研究也观察到了这一点。其二，在当前中国幼儿照料服务体系尚未成形之前，由祖辈或父辈参与的代际合作育儿是当代城市家庭育儿的一种主要类型。近年来网络上流行的一首打油诗从一定程度上道出了隔代育儿的现状："妈妈生，外婆养，爸爸回家就上网……。"② 作为当下中国育儿实践的一种普遍现象，中国家庭营养健康调查在 9 个省份获取的大样本数据显示，45% 的老人与 0 ~ 6 岁的孙辈生活在一起；在不与祖辈同住的家庭中，40% 的年轻父母会将孙辈送到祖辈家中进行照料。③ 在数字化时代和信息化社会，育儿的社会情景发生了明显变化，面对数字化育儿场景的出现，互联网和社交媒体成为新生代母亲履行母职的重要帮手，其可以随时利用碎片化的时间消解育儿过程中的焦虑和不确定性。在本研究考察的两个微信群中，虽然新生代父母间互为陌生人，但其以"育儿知识的相互推送"和"多元育儿经验获取"的在线互惠方式结成育儿共同体。然而，这种观念与认知上的育儿互惠最终又要回到现实生活中的育儿场景中。因此，展现新生代父母在线互惠只是其微信群使用的一个面向，若要更好理解这一育儿行为以及新媒介技术所扮演的角色还必须考察这种发生在陌生人间在线互惠在现实育儿生活中的回响。

有研究发现，在我国当下代际合作育儿过程中，家庭内部形成了"严母慈祖"的分工和角色格局，母亲扮演育儿"总管"的角色，以"科学育儿"为指导，对儿童发展进行总体规划，而父辈以

---

① 佟新、杭苏红：《学龄前儿童抚育模式的转型与工作着的母亲》，《中华女子学院学报》2011 年第 1 期。

② 张杨波：《代际冲突与合作——幼儿家庭照料类型探析》，《学术论坛》2018 年第 5 期。

③ 肖索未：《"严母慈祖"：儿童抚育中的代际合作与权力关系》，《社会学研究》2014 年第 6 期。

"帮忙者"的角色存在于代际合作育儿过程中，不管是育儿决策还是话语权上都处于相对边缘的位置。[①] 然而，在育儿实践中这种关系并不是铁板一块，更不是固态的和一成不变的，换言之，父辈与祖辈在话语权和决策权上虽然处于相对边缘位置，但并不是完全处于被动状态，有时也会在育儿过程中坚持自己的观念和主张，尤其是当父母暂时"不在场"的情况下。2018 年 5 月 2 日，W 微信群中的一次看似漫无边际的讨论在一定程度上说明了这一点，也就是说，当父母"不在场"的时候，参与育儿的父辈或祖辈"此刻"成为育儿的第一主体，主导着"以何种方式育儿"。

会飞的梦：我最头疼的就是我爸妈带我闺女老是不注意安全问题

会飞的梦：五点式安全带永远不系

芳香四溢：我最头疼的是，娃只要有点不舒服，她奶奶就要给她抹清凉油

芳香四溢：或者要给喝艾叶水

会飞的梦：老人为什么蜜汁喜欢清凉油［表情］

下雨爱打伞：神油［表情］

下雨爱打伞：哈哈哈

芳香四溢：动不动就万金油

芳香四溢：老人家觉得我们带娃没经验，和她沟通很吃力，我说 A 她会理解成 B［皱眉］

小婷婷的妈妈：我闺女被婆婆带去朋友家玩，睡觉时从床上摔下来了［流泪］心疼。看着现在精神状态挺好，不会有问题吧？

---

① 肖索未：《"严母慈祖"：儿童抚育中的代际合作与权力关系》，《社会学研究》2014 第 6 期。

小婷婷的妈妈：孩子睡别人大床上也不看着吗？我气爆了，但是又不太好说婆婆［抓狂］

会飞的梦：一样，我也很烦心，我怎么和我爸妈强调孩子出门要系五点式安全带，回来必须洗手，他们都不听

会飞的梦：而且我一强调安全他们就不作声，然后继续想怎么带就怎么带孩子

丫丫：我家婆婆做得很好的一点就是，出去玩回来就直奔厕所洗手，我给全家普及了不洗手的危害，连不爱洗手的爷爷都会洗手后再抱娃［奸笑］［奸笑］［奸笑］

小婷婷的妈妈：心太累了，感觉我婆婆没安全意识，有天她居然和我说她带宝宝在小区玩，宝宝在推车上睡着了，她过去和小区各种老太太跳舞，我瞬间也是要炸，她不知道有很多人贩子吗？宝宝丢了怎么办［流泪］

小婷婷的妈妈：感觉难沟通啊，说多了老人又不高兴，说少了他们又没意识，太难了

Jessie：因为他们那个年代

小姿：有意无意放点视频给她看看

Jessie：是可以开着门睡觉的年代

Jessie：他们活得很有安全感的

小姿：讲点新闻给她听听

小婷婷的妈妈：她今天自己都还在说那个10个月大的女婴被抱走的新闻呢，但是自己就这么大意，她出门和谁都能聊，也听她说过把我闺女给别人抱

更为重要的是，笔者的田野研究发现，当新生代父母将在线获取的育儿知识运用于线下具体的育儿场景时，会对其家庭关系带来

影响，甚至冲突。在不同类型的代际合作育儿模式①中都表现出一定程度的这种倾向。这进一步凸显了父辈或祖辈与新生代父母一代之间的育儿区隔与边界。对一些新生代父母而言，代际协作育儿实践中的冲突仅仅停留在观念与想象中，育儿观念的冲突终将转变为育儿实践的冲突，也有一些新生代父母将育儿观念的冲突公开化。在这方面，Harper的案例具有一定的典型性。

Harper是W微信群中的一位新生代母亲，她虽然在群内说话不多，但仍然从中受惠较多。"因为里面不仅会经常有育儿知识的推送，还会有其他家长分享自己带孩子的经验。"因为Harper及其老公都要上班，所以白天孩子主要由外公外婆看护和照料。2018年11月，Harper的孩子夜间突然发烧，天亮后便恢复至正常体温。不料，孩子午睡起床后体温再次上升。Harper赶紧从单位回家，发现孩子体温为38℃，但在家人的陪伴下孩子精神状态还可以，Harper认为无大碍，未对孩子的感冒进行药物干预，并向老人讲述发烧的原因。孰料，到了当天后半夜，孩子的体温接近39℃，并有些哭闹。"本以为扛一下自己就好了"，天亮后，Harper不淡定地带着孩子到医院就诊，查过血后，医生开了三四种药，还有退烧贴。回到家后，Harper却犹豫不想给孩子用药。对此，Harper解释道："抽血化验没有提示明显细菌感染，孩子本身没有出现流鼻涕、咳嗽等感冒症状，仅仅是发热，白天孩子精神还可以，还是再观察观察吧。"另一边，眼看着外孙高烧不退，外公外婆执意要给孩子喂药，并不认同Harper的想法。三个人便争执起来，外公生气地说："就你懂，

---

① 有研究者将当下代际合作育儿主要分为以下几种：一是母系支持，即女方父母帮忙年轻父母抚育幼儿；二是父系支持，即囿于种种原因女方父母难以帮助抚育幼儿，只能由男方父母帮忙抚育幼儿；三是双系轮流制，即外婆/外公和爷爷/奶奶轮流过来一段时间照看幼儿。当然，也存在一些其他的组合模式，如爷爷和外婆一起来帮忙、外婆和奶奶一起来帮忙、爷爷奶奶和全职妈妈组合等。参见汪永涛：《转型期城市家庭的代际合作育儿》，《社会学评论》2020年第2期。

你比医生还懂！那还要医生医院有什么用？"尽管如此，Harper 依然坚持不让孩子吃那些药和使用退烧贴。夜里，孩子再次发烧到 39度，但好在依然安睡没有哭闹。终于，到了第三天孩子的前胸后背长出了红色的疹子，并很快向四肢扩散，与此同时退烧了。Harper 长舒一口气："原来是幼儿急疹，反复发烧，直到热退疹出。幼儿急疹是一种病毒感染引起的自限性疾病，不需要特别治疗。除了在孩子烧得很高很难受的时候给他对症退热，多喝水多补充水分外，只需要等自愈。"孩子病好了，恢复了往日的活泼，Harper 和外公外婆都倍感欣慰。此番经历，更坚定了 Harper "妈妈多学习，宝宝少受罪"的观点。

当下，互联网和社交媒体成为新生代父母育儿实践的具体情境，线上虚拟空间更是他们在现实生活中获取育儿资源以及增强为人父母的主体性的世代隐喻。作为网络空间实践中的一种表征性活动，新生代父母的上述微信群使用进一步标识出其在育儿实践中与父辈/祖辈的异质性。由此观之，线上虚拟空间便具有了社会群体分类和生产群体边界的功能。从这个角度而言，人们背负着新媒介技术本身带来的"区隔"，在人与新媒介技术的互动实践中进一步构筑起群体之间的区隔。

第三节　作为"媒介空间"的育儿微信群与媒介化

人在社会互动中能有效地识别自身和他人的群体所属，并能犀利而灵便地觉察到我属群体与他群体之间有形和无形的差异或边界[1]，

---

[1]　方文：《群体符号边界如何形成？——以北京基督新教群体为例》，《社会学研究》2005 年第 1 期。

也就是通过区分"像我们这样的人"（People Like Us）和"像他们这样的人"（People Like Them）来定位自己[①]，进而形成对于我群体的认同，这本质上是一个群体符号边界的问题。在本研究中，新生代父母的群体符号边界建构离不开以育儿微信群为表征的"媒介空间"。2004 年，著名媒介与文化研究者尼克·库尔德利与安娜·麦卡锡（Anna Mccarthy）共同编著了一本名为《媒介空间：媒介时代的地方、规模与文化》（*Media Space：Place，Scale and Culture in a Media Age*）的著作。在他们看来，当代电子媒介的发展，本身就是一个空间化的过程，它突破了很多空间构成中的藩篱，也提供了很多可以开拓、重塑空间的可能性。这个过程既是物质的，也是象征的；既涉及媒介内容的生产和消费场所、文本再现的空间和由该再现的流动所构成的空间，也跨越不同规模的空间，涉及地方与全球之间的交织以及人们在不同条件下对此多元的体验。[②] 按照郭建斌的说法，媒介时空是由于现代传播媒介的出现而形成的一种新的时空，它更主要是一种观念性的，而非实体性的，是由媒介生产、消费等构成的，亦是现代媒介化社会中多元社会时空的一个构成维度。[③] 尼克·库尔德利与安娜·麦卡锡对媒介空间的思想对于认识当今媒介化社会语境下的空间问题提供了新思路。因此可以说，作为"媒介空间"的育儿微信群，是一个由微信传播技术所塑造出的一种供群内成员讨论、交流相关育儿问题的网络虚拟空间。同时，群内成员主要以"80 后""90 后"年轻一代父母为构成主体。

从尼克·库尔德利与安娜·麦卡锡"媒介空间"的角度来看，

---

① Vandevoordt, R., Verschraegen, G., "Demonstrating Deservingness and Dignity. Symbolic Boundary Work among Syrian Refugees", *Poetics*, （76），2019，pp. 1 – 11.

② 潘忠党、於红梅：《阈限性与城市空间的潜能——一个重新想象传播的维度》，《开放时代》2015 年第 3 期。

③ 郭建斌：《在场：流动电影与当代中国社会建构》，上海交通大学出版社，2019，第 5 页。

在媒介化社会语境下，媒介如同编织的网一样环绕在我们四周，我们每一个人都难以从"媒介空间"中脱域而出。空间既塑造我们的行为和身份，又被我们的行为和身份所塑造；我们通过占有（Occupy）和利用（Appropriate）空间的方式赋予空间符号意义，但空间也通过物理和符号的方式规范我们彼此如何互动，换言之，空间不仅仅是我们社会交往与互动的背景，反过来，还是一种通过它来探索我们身份的媒介。① 换言之，空间不只是我们社会交往、互动的外在背景与得以发生的场所，还表现出一种潜能（Capacity），或者说具有一种潜能。如此一来，"媒介空间"不仅意味着一种被媒介所创造的空间，作为一种新的空间形态，它也形构新的社会经验。循此逻辑，作为一种"媒介空间"的育儿微信群不仅仅意味着由新生代父母借助微信群这一电子媒介所衍生出的供群内成员交流育儿问题的网络虚拟空间，还形塑群内成员新的育儿行为。

由此观之，一方面，媒介空间并非能够简单地被看作一种人造物，但是，不管我们是承认其作为人造物还是作为具有能动性的行动者，媒介空间都在为我们编织一种新的存在方式之网。以微信媒介观之，作为一种媒介空间的微信创新了人在世存有的方式。在本研究中，新生代父母以微信群为中介的育儿行为向我们展示了数字媒介技术的发展形塑新的社会互动与交往形态以及重构社会与文化空间的潜能。他们在虚拟社区里建构出一个属于"他们"的电子媒介空间，在这个空间里彼此之间维持着一种马丁·布伯（Martin Buber）意义上"我与你"② 式的群体关系。新生代父母在线上虚拟社

---

① Kato, Y., "Coming of Age in the Bubble: Suburban Adolescents' Use of a Spatial Metaphor as a Symbolic Boundary", *Symbolic Interaction*, 34（2），2011，pp. 244-264.

② 德国哲学家马丁·布伯在《我与你》（商务印书馆，2015 年）一书中将人之社会关系划分为"我与你""我与他"两种类型。在"我与你"式关系中，交往者彼此之间有一种惺惺相惜之感，是一种和谐的关系；在"我与他"式关系中，交往者带有明确的目的性、功利性以及理性计算，是一种工具式关系。

区（微信群）中获取"育儿知识的相互推送"和"多元育儿经验获取"，以此展开育儿实践，有意或无意间在微信群这个特定媒介空间里制造出一种新型育儿共同体。在这样的育儿实践中增加了代际育儿冲突发生的可能性，这进一步明晰了"我属群体"与"他属群体"的边界。

另一方面，新生代父母的状态似乎打破了美国人类学家库兹奈特对虚拟社区参与者的划分。他在《如何研究网络人群和社区：网络民族志方法实践指导》一书中指出，原本散落在虚拟世界四处的电子传播者何以能够在特定虚拟社区中相遇？在分析这一问题时他认为，有两个主要因素将虚拟社区成员聚集在一起：首先，虚拟社区成员与他们所参与的核心消费行为的关系，他灵活地理解这里的"消费"一词的内涵；其次，关注特定的线上虚拟社区本身实际的社会关系。例如，这些人只是偶尔心血来潮的陌生人，还是长期的朋友？这些关系有多深入、多持久、多密切？[1] 正是依据这两个因素，库兹奈特将虚拟社区的参与者划分成前述四种类型："新手""信徒""混合""行家"。他如是论述"信徒"和"行家"两种类型：

> "信徒恰好与混合者相反，他们与社区成员只有浅层联系，但是对社区的消费行为全心投入且保持热情，并更新相关技能和知识。最后，行家是那些与线上社区有强关系，同时深度认同、具有能力并理解核心消费行为的用户。"[2]

---

① 〔美〕罗伯特·V.库兹奈特：《如何研究网络人群和社区：网络民族志方法实践指导》，叶韦明译，重庆大学出版社，2016，第39页。

② 〔美〕罗伯特·V.库兹奈特：《如何研究网络人群和社区：网络民族志方法实践指导》，叶韦明译，重庆大学出版社，2016，第41页。

　　而新生代父母与育儿微信群的关系更接近于"信徒"与"行家"类型的叠加，这意味着在育儿过程中新生代父母与微信群内其他成员存在或强或弱的关系，重要的是，他们对微信社区内的育儿信息消费行为投入较多，不仅主动接受或分享育儿知识与经验，还主动将其运用于线下的具体育儿实践中，进而产生前述冲突。这从侧面反映了新生代父母对微信群内育儿知识与经验的强烈认同。

第五章 媒介化育儿的深化：公共性、
本真自我与育儿闲话

如果说在第四章中以"育儿知识的相互推送"与"多元育儿经验获取"构成的育儿信息互惠体现为新生代父母对微信群的功能性使用，而这功能性使用所带来的现实影响（纾解新生代父母育儿焦虑等）流露出媒介化育儿中"媒介逻辑"的影子，那么，两个育儿微信群中的育儿闲话实践对媒介化育儿中"媒介逻辑"的演绎更为显著。就经验的层面而言，育儿微信群中的育儿闲话实践对于新生代父母的日常育儿生活世界的维系具有不可忽视的作用。

第一节 育儿微信群中的闲话类型

当下，在微博、微信朋友圈"晒娃"成为当代育儿图景中一道独特的风景线，2018 年 11 月 27 日，在 H 微信群有位新生代母亲情不自禁地说："孩子吃奶的样子太幸福了。"随即呼应者称："看着他吃奶也很幸福，我都想去拍哺乳照。"然而，没想到这一想法却遭到一些间接的质疑，以下是这次讨论的部分内容摘录。

　　绿树：宝宝吃奶的样子实在太幸福了［表情］［表情］
［表情］

　　再加油一点：看着他吃奶也很幸福，我都想去拍哺乳照

　　陈先生：支持你的想法

　　红白鹿：哺乳照？没听过有人拍过［表情］，我姑儿子以
前拍周岁写真，只穿肚兜，现在18岁了吧，我姑姑上次拿出周
岁肚兜照给大家看，他儿子很生气［捂脸］［捂脸］

　　再加油一点：我以前看过外国一个采访，问小朋友对爸妈
晒娃的行为是怎么看的。大部分小朋友都表示不开心，觉得爸
妈把洗澡啊之类的裸照、丑照发出去很讨厌，没经过他们同意
什么的

　　在 W 微信群和 H 城育儿两个微信群内新生代父母间的这般交
往内容可归属于育儿闲话的范畴。闲话（Gossip）是日常交往中的
一种不可或缺的形态。有研究表明，人们日常谈话中70%的内容都
涉及闲话。① 在社会学意义上，虽然对闲话的言说各异，但有一个
能为大多数人所认可的概念表述，即闲话就是围绕"不在场"或
"缺席"的他人或第三方的信息交流。② 沿着这样的逻辑，有研究者
进一步将闲话界定为"是在一定的人际交往范围内，具有一定的信
任度的两人或两人以上在非正式场合对不在场的他人及其相关事宜
的评说"③。就本研究展开考察的两个育儿微信群而言，闲话中的
"他人"或"第三方"主要涉及"我""婆婆""妈妈""老公"
"子女"等主体。闲话是新生代父母对微信群使用的深化，也体现

① Foster，E.，"Researching Gossip with Social Network Analysis"，Ph. D diss.，Temple University，
　 2003，p. 3.
② 薛亚利：《村庄里的闲话：意义、功能和权力》，上海书店出版社，2009，第10页。
③ 薛亚利：《村庄里的闲话：意义、功能和权力》，上海书店出版社，2009，第20页。

出微信群内成员之间的"强关系"与"深度认同"。这里"深描"几种常见的育儿闲话类型，然后对其展开理论分析。

一　复杂的婆媳关系与姑婿关系

在当下中国代际合作育儿模式下，祖辈与孙辈的照料与抚育是一种普遍的育儿现象，在这一现象下，中国社会结构中的一个场景难以被忽视：过去我们对儿童的养育是依赖一种传统的经验传承的方式，也就是父辈或祖辈因为有过养育的经验，因此有更大的权威；而新手父母因为缺少经验，所以一般会遵从老一辈的做法，但是，显然这种关系已经得到了颠覆，当下年轻的父母能接触到更多的关于养育特别是教育的专业知识，因此他们在养育中有越来越多的话语权①。由此，婆媳关系与姑婿关系成为新生代父母无法回避的话题，这也鲜明地体现在本研究所考察的两个育儿微信群中。

已有实证研究表明，照料孩子的现实需要使得新生代父母与婆婆（或婆家）一起居住成为不少新生代父母的一种"无奈"而又现实的选择，这最终可能导致婆媳冲突问题的凸显。② 婆媳关系在中国家庭结构中处于较为特殊的位置。自家庭和私有制产生以降，婆媳关系的难题就出现了，以至于日本著名律师丹山雅曾提议，"如果谁能想出一个绝妙的解决婆媳关系的办法，应该授予他诺贝尔奖"③。进入现代社会以来，虽然随着社会转型和社会流动的增强，婆媳关系表现出种种松动的迹象，出现了新型婆媳关系，甚至家庭

① 司昶：《疫情下的母职危机："母亲的困境"被居家隔离放大》，澎湃网，2020年5月10日，https://www.thepaper.cn/newsDetail_forward_7315103。
② 蔡玲：《新手妈妈初任母职历程研究——以个案为例的质性分析》，《中华女子学报》2015年第3期。
③ 葛宇宁：《从伦理的视角谈现代婆媳关系问题》，《河南理工大学学报》（社会科学版）2016年第4期。

资源控制权开始向媳妇转移①，虽然如此，但在家庭日常生活中婆媳关系仍是家庭矛盾的焦点和社会交往的敏感地带。在日常生活中，复杂的婆媳关系往往"不向外人道"，或仅在极为亲密的社会关系中被谈论。婆媳关系处于日常交往中的"敏感地带"。然而，本研究的在线田野调查发现，在育儿微信群中，新生代父母间往往毫无避讳地公开讨论自己日常生活中的婆媳关系遭遇。群内关于婆媳关系的讨论不仅仅有负面的，也有积极的良性婆媳关系。但较为常见的是，在群内讨论过程中渐渐对婆婆的态度发生转变。例如，2018 年 5 月 4 日，树树在群内抱怨她在婆媳关系中遭受到的委屈，"我老公和我婆婆吵架，我婆婆说是我派他去吵架的"。最终在一番讨论过后，对婆婆的情感由最初的"不满"转变为了"感激"。以下是讨论的部分内容。

> 树树：我老公和我婆婆吵架我婆婆说是我派他去吵架的
>
> 树树：真是难受死了
>
> 树树：他们每次吵架最后都是我躺枪，一句话没说
>
> 果园：婆婆都觉得自己儿子可完美了，有问题也是媳妇带坏的、教坏的。也不看看自己生了个什么儿子，还怪别人
>
> 树树：我真的好气啊，我昨天还劝我婆婆说，我老公错了不该跟她吵架，结果她还不理我
>
> 树树：最后他们吵完和好了，锅我背！
>
> 果园：我老公和他妈吵架，都是我劝，我婆婆还给别人说都是我叫他儿子找她事儿
>
> 果园：天下的婆婆都是一样的

---

① 笑冬：《最后一代传统婆婆?》，《社会学研究》2002 年第 3 期。

......

小轩：毕竟是亲妈，归根结底还是爱你的，只是每个人性格不一样

阳光一样：这么一看我婆婆还挺好的［捂脸］，我儿子出生到现在的衣服都是她洗的，8个月前都是她给孩子洗澡，现在出来外地，我老公都忙一起洗，宝宝的衣服也还都是婆婆洗

阳光一样：饭菜婆婆煮，卫生婆婆打扫

阳光一样：就是抠了点

苏若白杨：同款婆婆，哈哈

珞珞：这样的婆婆好好珍惜呀

娜宝儿：给娃洗了八个月澡［强］

娜宝儿：这个奶奶值得孝顺［强］

与婆媳关系较为不同，群内成员所自我暴露的姑婿关系则往往令人羡慕。姑婿关系即翁婿关系，是家庭人际关系的一种，与婆媳关系相对而言，具体指丈夫与妻子母亲的关系。根据在线田野考察发现，姑婿关系也是群内成员之间交往中津津乐道的话题，这种关系往往是良性的。例如2018年5月13日，大脸娃爱洗澡说："看大家吐槽老公对丈母娘，终于有个我不用吐槽的点了，我老公对她丈母娘那是真的好，什么都想着丈母娘，她妈都是随便都可以……"TFB表示具有同样的经历。她说："我老公也是对我妈超好，有时候我都怀疑他们是不是才是真母子。"

二 夫妻关系与"留守育儿"的苦恼

在费孝通看来，在我们的乡土社会中，"我们的家既是个绵续

性的事业社群，它的主轴是在父子之间，在婆媳之间，是纵的，不是横的，夫妇成了配轴"①。然而，在现代社会，夫妻关系成为社会关系中最重要的一种，也是家庭关系中最核心的一环。② 夫妻关系也是在两个微信群里新生代父母育儿闲话的另一个重要议题。2018年12月23日，小金在W微信群内不解地问道："想跟大家探讨个问题，你们和老公吵架了，在对方错的情况下，他会认错吗？还是对方坚决不道歉觉得行动上表示就行了，我很困惑。"问题一抛出，便得到不少成员的回馈。

> TFB：分事，而且对错这件事本来就不是绝对的，我一般会提供一个氛围让我们俩把话说明白，比如一起喝个茶，遛个弯什么的，很多时候都是误会。面对这样的一壶茶还有什么脾气可言
>
> 绿时：一般都不是大事，也没啥谁对谁错，然后我讨厌听菩萨一样的道理，他看到我烦了就一脸严肃沉默，我就觉得更急火攻心［捂脸］［捂脸］［捂脸］
>
> 小金：对，我也觉得应该分事，刚又跟孩子爸爸吵架了，他觉得任何事他都不想道歉，我喜欢讲道理［尴尬］
>
> 嘉嘉：我们都不会，不过，过一段时间就互相交流了，也就默认和好了［捂脸］
>
> 小金：真羡慕你们的相处模式，也是我理想中的，然而，事实上是对方根本不想沟通，这也是我觉得很苦闷的地方，外人看来也许是小事，但是我多少次都想离开，不离婚也想暂时分居

---

① 费孝通：《乡土中国》，北京大学出版社，2012，第66页。
② 刘娟：《北京市夫妻关系研究》，《人口与经济》1994年第3期。

　　大脸娃爱洗澡：有了孩子以后就跟宝爸爸沟通的少了，每次他下班回来就一屁股坐在沙发上开始看电视，我就生气，我会唠叨啊，哈哈哈，然后等到他也生气的时候，他才会主动去帮我做家务。后来有次我们和朋友们吃饭他跟大家讲，现在有时候觉得有了孩子有点小后悔，觉得两个人很好，不过又觉得有了孩子也很幸福

　　现代社会流动性的增强加剧了新生代父亲与新生代母亲在育儿生活中的区隔。留守成为理解现代社会的一个重要方面，留守育儿的问题也已经得到不少研究者关注，但是一般意义上关于"留守育儿"的研究往往聚焦于留守老人的育儿问题，即父母外出工作，家中仅剩老人和小孩。然而，本研究中的"留守育儿"是指，孩子父亲外出，新生代母亲独自担负育儿任务。留守育儿成为微信群内不少新生代母亲的共同经历。珞珞在群内自我暴露说："我是留守宝妈，宝爸休假才有空回来，有时一个月（回来）一次，有时两个月（回来）一次，有时回来一个晚上第二天就要去上班。""留守"成为不少新生代母亲的共同经历。TFB也表示："我老公也是一个月只回来三五天。"由于现代育儿活动日益精细化、琐碎化，加之父亲角色的缺位，"留守育儿"成为一些新生代父母的困扰和烦恼，下面摘引W微信群内成员在2019年5月12日晚上对这一话题的讨论内容。

　　聪小明：昨天和我老公吵架，一个月回来不了两三天，气死我了。

　　One 丸：因为工作？

　　聪小明：嗯，太忙了，天天加班

One 丸：那也是为了家啊

聪小明：[撇嘴] 知道是知道，也还是会发火，实在憋屈

One 丸：短期的？

会飞的梦：夫妻关系是所有人际关系的核心

聪小明：长期，经常

One 丸：长期……长期我是接受不了……

小红花：我是留守宝妈 [捂脸]

聪小明：长跑八年，结婚三年，都不知道我自己为什么结婚

One 丸：如果确实是家庭需要，那就要互相理解，确实接受不了考虑换个工作？总之不能影响夫妻感情

会飞的梦：沟通特别重要，应该说有效的沟通特别重要

聪小明：如果我不联系他，他基本不会联系我，打电话都说忙，气死

One 丸：是啊，如果两个人到了无法沟通或者拒绝沟通的程度，就距离离婚不会太远了 [闭嘴]

聪小明：感觉根本不关心我们娘俩

SimpleLove：我老公我一会儿不回他信息，他能打电话找你，好烦

SimpleLove：你不觉得自由吗

聪小明：自由，天天带孩子，哪里有自由 [晕]

SimpleLove：一个人带孩子很好啊

聪小明：不是上班就是忙活孩子

聪小明：没有，我有上班

……

One 丸：原来是警察啊！我姐夫是警察，经常电话关机找

不到人的

聪小明：［晕］他说忙

会飞的梦：但你要做的首先不是让他知道家庭生活的繁杂和忙乱

聪小明：经常不接电话

One 丸：这个职业没办法吧，跟军嫂似的，选择了就互相理解吧

三 "感受痛苦"：热点新闻中孩子的苦难

长期的参与式观察发现，新生代父母微信群中有时也会谈论起社会中发生的有关孩子的最新热点新闻事件，尤其是关于孩子苦难遭遇的新闻，这往往会激起新生代父母的恻隐之心。例如，2018 年 5 月 25 日，河南太康王凤雅事件成为社会热点话题，一时间谣言四起，在讨论中不少新生代父母表示痛心和惋惜。以下是部分聊天内容。

Harper：我昨天看王凤雅小朋友的新闻都要哭了，今天又有这新闻，真是气死了，哎

端午：那个新闻太可怕了

端午：可怜的小盆友（小朋友）

泡泡沫：看得心揪得疼

端午：就是谋杀啊

泡泡沫：真不敢想象家长要承受怎样的痛

端午：好痛苦啊

苏菲的世界：哎，当妈看不了

端午：不能看

苏菲的世界：王凤雅怎么了？

端午：那个也很可怜

端午：那家人不是人

Harper：心脏受不了

虎虎粑粑：当妈后玻璃心，真的看不了这种事情，心里痛死

小池：谁家的孩子父母都承受不了

泡泡沫：他妈妈不给她治病

端午：那个小盆友得了眼球什么癌症，但是治愈率很高，家人众筹治病

端午：结果拿了钱不给治

端午：小孩死了

安心：王凤雅爸妈重男轻女，拿她的救命钱给儿子去北京的医院看兔唇

小池：为啥？

小池：兔唇不危及生命啊

端午：志愿者说自己出钱也不给治

小池：这种父母也是没谁了

端午：反正那个小孩死了

安心：不给众筹的孩子看，最后在镇上医院挂了几天点滴死了

端午：好可怜的

Harper：有个漫画是以小朋友的角度讲述的，看得心疼死了

端午：哎，不能看这种新闻

苏菲的世界：那太过分了，道德心丧失

端午：这种人哪在乎

苏菲的世界：祝那个父母下辈子没有孩子了

安心：刚看到最新的新闻，希望家属说的是真的

端午：希望家属说的是真的，要不太可怕了

同时，从上述部分内容可以看出，新生代父母间的育儿闲话主题有"婆媳关系与姑婿关系""夫妻关系与留守育儿""敞开心扉谈性"等。哈佛大学著名人类学家 Arthur Kleinman 认为，千千万万中国人的感知、情感以及道德的经验构成了"深度中国"（Deep China）。[①]如果我们承认 Arthur Kleinman 的观点，那么，两个育儿微信群中"婆媳关系与姑婿关系""夫妻关系与留守育儿""敞开心扉谈性"等育儿闲话实践则是理解"深度中国"的一个入口，也是杨国斌所说的"深入研究与互联网等新媒体相关的普通人经验与社会实践"[②]的一种探索。

第二节　作为公共表达的育儿闲话与本真自我

以往传播社会学所考察的闲话往往是发生在人与人面对面的物理空间之中，而育儿微信群里的闲话则发生在网络虚拟空间之中。与此相似，在社会学、人类学的研究图景中往往将闲话置于熟人社会网络之中进行考察，但育儿微信群中闲话实践发生在陌生人之间。

本研究所选择的两个新生代父母微信群是基于陌生人关系而存在的，易言之，微信群诸成员之间互为陌生人，对彼此的社会角色、家庭背景、个人兴趣、社交网络等信息知之甚少，甚至对彼此

①　杨国斌：《中国互联网的深度研究》，《新闻与传播评论》2017 年第 1 期。
②　杨国斌：《中国互联网的深度研究》，《新闻与传播评论》2017 年第 1 期。

的真实姓名也漠不关心。陌生人或陌生性是新生代父母微信群交往的底色，陌生人的特质也成为新生代父母群内交往与互动的一种难得资源。这里有必要对作为一个复杂概念的陌生人进行适当溯源，以便对本研究在何种意义、何种维度上使用"陌生人"这一概念做出交代。

现代社会是一个"陌生人"充斥的社会，"陌生人"是现代化与现代社会的产物，正如美国历史学家詹姆斯·弗农（James Vernon）在《远方的陌生人：英国是如何成为现代国家的》一书中所指出的那样，随着英国成为现代国家，英国国民也成为现代人，而在成为现代人的过程中（伴随着人口激增、城镇扩大、人口流动加速等现象）构筑了一个陌生人社会。我们也经常使用这一概念描述当今社会，这构成了我们理解当代社会与现代人的一个窗口。从历史维度观之，"陌生人"（Stranger，常见译名有"陌生人""外来人""异乡人"等）这一学术概念在社会科学研究中的提出可溯源至德国著名社会学家格奥尔格·齐美尔。齐美尔认为，"社会"并不是埃米尔·涂尔干所说的实体，而是经由人与人之间的交往、互动来形塑的。因此，社会学研究理应着重研究人与人之间的交往、互动的基本过程和形式，这正是齐美尔社会学的基本逻辑起点。然而，随着交往全球化的开展，现代人的流动和迁徙更加走出"地方"，走向"全球"。基于这样的现代社会人类日常生活经验的变革，齐美尔敏锐地关注到"陌生人"的出现。在他看来，陌生人具有以下三个显著的特质：（1）跨地域空间的自由流动；（2）客观中立的姿态，这来源于"他并没有从根基上被群体的某些个别的组成部分或者一些片面的倾向固定化"①；（3）边缘性，陌生人带着一些

---

① 〔德〕格奥尔格·齐美尔：《社会是如何可能的——齐美尔社会学文选》，林荣远译，广西师范大学出版社，2002，第343页。

并非和不可能产生于它的品质到它里面来①；（4）既远又近，齐美尔言说的"陌生人"被社会距离所区分，他们在物理空间上看似很近，并且可以克服和消除，但在社会空间上却相距很远。他认为，在经济活动史中，生意人总是到其他地区购买必需品，由此观之，买卖人必是陌生人，如果其在当地居住下来，则陌生人的地位更为突出。② 由此，他断言，陌生人"不是指今天来、明天走的流浪人，而是指今天来、明天留下来的漫游者"③。所以，齐美尔的陌生人概念更多指向了社会互动中行动者间的文化和心灵异质。在齐美尔之后，罗伯特·帕克、阿尔弗雷德·舒茨（Alfred Schütz）、欧文·戈夫曼、查理德·桑内特（Richard Sennett）等社会学家从不同角度以陌生人作为分析现代社会的路径。

作为齐美尔的学生，帕克继承齐美尔的陌生人的"边缘性"属性思想分析了 20 世纪美国社会的移民经验，提出"边缘人"的概念，边缘人是一种文化混血儿，他们既不能与过去决裂，也不能完全融入眼下所处的新社会，移民的生活经验使他们游离在这两种文化之间，处于社会的边缘状态。在齐美尔的陌生人理论的启发下，帕克在《人类迁徙与边缘人》一文中指出，移民会因为不愿放弃原来的传统身份而被当下社会排斥为社会边缘人。戈夫曼考察了公共场所中陌生人之间的交往、互动行为，认为"礼貌性忽视"是公共场所中陌生人之间的一种独特的交往行为。相较之下，作为政治学家的桑内特则关心陌生人与公共政治的关系，当今城市生活中，人们对陌生人缺乏信任，更愿意退缩回私人空间中，由此，他期待人

① 〔德〕格奥尔格·齐美尔：《社会是如何可能的——齐美尔社会学文选》，林荣远译，广西师范大学出版社，2002，第 342 页。
② 成伯清：《格奥尔格·齐美尔：现代性的诊断》，杭州大学出版社，1999，第 133 页。
③ 〔德〕格奥尔格·齐美尔：《社会是如何可能的——齐美尔社会学文选》，林荣远译，广西师范大学出版社，2002，第 341 页。

们珍惜与陌生人互动带来的新视角，让街道和广场重新成为陌生人汇集、不同声音在一起讨论公共政治话题的、充满活力的公共空间。[①] 他主张让公共空间重新成为陌生人聚集的场所。英国著名社会学家齐格蒙·鲍曼（Zygmunt Bauman）将陌生人的这一特征运用于解释二战时期犹太人遭遇的大屠杀，他将犹太人视为"内部的外人（Foreigners Inside）"[②]。因此，陌生人不仅意味着物理空间的区隔，更为重要的是"心灵异质"。

因此，陌生人并不是毫无关系或完全陌生，虽然齐美尔也言及这种类型的陌生人，但他将关注的焦点放在了另一种类型的陌生人上，即"与他人发生接触却又保留离去自由的陌生人"[③]，这亦是最具社会学意义的陌生人，而网络社群中的陌生人同样体现出这种特征。互联网传播技术使众多原本互不相识甚至根本毫无机会相识的人得以相互接触。[④] 在网络社会语境下，匿名性、流动性和不确定性是陌生人的显著表征。[⑤] 然而，网络环境却改变了陌生人"心灵异质"这一特质。从现实社会互动角度来看，由于网络空间中陌生人对彼此的社会身份一无所知，因此，陌生人是人们需加以防范的对象，表征着一种高度不确定性甚至缺少安全感的互动。[⑥] 然而，现实是，虽然网络社群中的陌生人依然可能存在物理空间的区隔，却在心理上表现出较强的亲密性。由此，育儿微信群中的身体不在场以及群内成员本来的陌生情境使得突破线下人

---

① 陈榕：《流动的现代性中的陌生人危机——评鲍曼的〈我们门口的陌生人〉》，《外国文学》，2019 年第 6 期。

② 〔英〕齐格蒙·鲍曼：《现代性与大屠杀》，杨渝东、史建华译，译林出版社，2016，第45 页。

③ 〔德〕格奥尔格·齐美尔：《社会是如何可能的——齐美尔社会学文选》，林荣远译，广西师范大学出版社，2002，第 342 页。

④ 黄厚铭：《网络人际关系的亲疏远近》，《台湾大学社会学刊》2000 年第 10 期。

⑤ 张杰：《"陌生人"视角下社会化媒体与网络社会"不确定性"研究》，《国际新闻界》2012 年第 1 期。

⑥ 屈勇：《去角色互动：赛博空间中陌生人互动的研究》，南京大学博士学位论文，2011。

际交往中的"敏感地带"成为可能，为育儿闲话实践提供了广阔空间。

从表达的空间场域来看，只要是表达者在公共空间和公共场所中进行的表达，便属于公共表达的范畴。由此可以看出，如果我们承认微信群是一种公共空间，或有限的公共空间，那么，闲话原本作为一种私密或亲密叙述，在育儿微信群中却成为一种公共表达。也就是说，以往以隐蔽的方式存在于熟人社会或亲密关系之间的闲话在育儿微信群中变得公开化了，这不仅意味着闲话在育儿微信群中向所有群内成员开放，而且群内成员都可以自由参与闲话过程。因此，闲话在育儿微信群中获得了一种公共性，或者说，被赋予了更大程度的公共性。育儿微信群中的闲话的这种公共性以及闲话情境的改变使得育儿闲话具有了明显的积极意义。

一般意义上而言，闲话作为社会网络中人与人之间的一种非正式的信息交换行为，具有信息传播、生产亲密、娱乐、增进群体团结以及社会控制的功能。[1] 在育儿微信群中，育儿闲话不仅具有增进群内团结的功能，还促使闲话参与者向彼此进一步敞开心扉，在育儿微信群内呈现本真自我。在海德格尔看来，本真是一种充分的属我性（Mineness），常人乃一种非本真的存在，他们在日常世界中操劳、沉沦，进而忘记本真的自我。[2] 在人与人的交往情境中，戈夫曼指出，诸如个体真实的态度、情感等关键性的真相往往会存在于互动的时间与场合之外。[3] 也就是说，在日常交往中，人的本真

---

① Paine, R., "What Is Gossip about? An Alternative Hypothesis", *Man* (*New Series*), 2 (2), 1967, pp. 278 – 285.

② 方秋明：《为他本真与为己本真——莱维纳斯对海德格尔本真观的超越与反转》，《世界哲学》2016 年第 2 期。

③ 〔美〕欧文·戈夫曼：《日常生活中的自我呈现》，冯钢译，北京大学出版社，2008，第 1 页。

性自我往往会被习惯性地置于与人交往的"后台"，而将"表演的自我""构造性自我"推向"前台"，向他人展示。然而，育儿微信群成为新生代父母展演本真性自我的空间。在育儿微信群中，新生代父母将育儿生活中被压抑的本真性自我呈现，内在地促进群内成员释放日常育儿生活中的"压抑的自我"。比如，"我没地方吐槽，给你们说说心里好受多了""说完我就好了"。育儿微信群的一位成员在深度访谈中如是坦陈：

> "在这个群里也会有负能量的吐槽，但是我相信来这儿吐槽，不是说为了把自己的负能量带给别人，而是此成员通过在这个群里说几句，抒发自己此时此刻的负面情绪。然后群内其他成员听其说完之后会站在不同角度帮其分析这个事情……然后，聊着聊着，有时就会聊出一些正能量，其负面情绪就得到了释放。"（虎虎妈，2019年1月10日）

由此，新生代父母的在线闲话实践形成了一个自我空间，进而完成自我治疗（Self-Therapy）。社会学家 Janette Rainwater 认为，自我治疗是一种成长过程，记日记和进行自传写作是自我治疗的中心因素，因为记日记使个体能全然真实，通过领悟以前所记录的经验，个体能为持续的成长过程指明方向。[1] 同样，在两个育儿微信群内新生代父母能够全然真实地"闲话"育儿中的种种自我，闲话实践成为新生代父母自我治疗育儿焦虑的中介。

---

[1] 〔英〕安东尼·吉登斯：《现代性与自我认同：现代晚期的自我与社会》，赵旭东、方文译，生活·读书·新知三联书店，1998，第82页。

第三节　闲话、类别化与符号边界建构

站在其他人类学家相关田野研究成果的基础上，英国人类学家马克斯·格拉克曼（Max Gluckman）进一步提出，闲话是理解群体边界的标记。[①] 边界即意味着差异和区隔，群体符号边界就是社会实在中有关群际差异的共识性的概念区分，从这个意义而言，群体符号边界也就是群际符号边界。[②] 微信群的封闭性本身就意味着一种区隔和边界的存在，它犹如一座城池的城墙一般，将其区隔为"城内"和"城外"，"群内"与"群外"，"群内"即为"我群"，"群外"即为"他群"。社会学学者认为，在特定社会语境中，每个人都被分类或范畴化，因此获得多重确定的群体身份或范畴成员资格。[③]

在社会学研究脉络中，社会群体符号边界的建构可以从以下两个维度展开讨论。一个维度是群体符号边界的社会建构，注重考察文化资源、政治力量等因素在其形成过程中的作用，例如，有社会学研究者沿着制度生成、制度的内化及强化等逻辑顺序研究了中国农民工的群体符号边界的社会建构问题。[④] 然而，归根到底，群体符号边界的区隔和异质主要是由该群体的日常生活实践完成的，所以，群体符号边界的"自我建构"或"内部建构"是另一个不容忽视的维度，例如，从社会心理学的角度解析群体符号边界即是这一

[①]　Gluckman, M., "Gossip and Scandal", *Current Anthropology*, 4（2），1963, pp. 307 – 316.

[②]　方文：《群体符号边界如何形成？——以北京基督新教群体为例》，《社会学研究》2005 年第 1 期。

[③]　方文：《群体符号边界如何形成？——以北京基督新教群体为例》，《社会学研究》2005 年第 1 期。

[④]　潘泽泉：《社会分类与群体符号边界——以农民工社会分类问题为例》，《社会》2007 年第 4 期。

进路的体现。社会学研究者方文曾以北京基督新教为例从社会心理学的进路讨论群体符号边界的形成问题。[①] 同时，本研究表明，群体符号边界也在日常生活叙事和话语系统中形成，正如马克斯·格拉克曼所言，闲话具有排斥性，"我发现我被排斥了，因为我不知道足够的闲话"[②]。新生代父母通过以"婆媳关系与姑婿关系""夫妻关系与留守育儿"等为表征的育儿闲话和日常生活叙事完成群体符号边界的生产和强化。从这个角度而言，人们背负着新媒介技术本身带来的"区隔"，在人与新媒介技术的互动实践中进一步构筑了群体之间的"区隔"。因此，如何理解新生代父母群体符号边界的建构是解析这一新兴群体的关键。

社会人类学家的研究表明，闲话的发生至少离不开以下三个条件："参与者间一定的信任度""非正式场合""对他人及相关事宜的评说"。[③] 在社会学、人类学的研究图景中往往将闲话置于熟人社会中进行考察，而本研究所考察的两个育儿微信群内的闲话实践却发生在陌生人之间，群内成员之间互为陌生人的在线交往情境为突破线下人际交往中的"敏感地带"提供了可能。从"婆媳关系与姑婿关系"到"敞开心扉谈性"等育儿闲话实践可反映出，陌生人的发生语境拓展了闲话参与者间的"信任度"以及"评说的尺度"。在2018年11月25日的一次W微信群内讨论中，一些新生代父母指出了这一点。一位新生代母亲在微信群内如是说，"我今天和我婆婆吵架了"，一石激起千层浪，片刻间具有类似经历的新生代母亲越来越多地参与到这一话题的讨论中来，整个话题持续了近两个半小时。临近结束，Superbaby说："我没地方吐槽啊，给你们

---

① 方文：《群体符号边界如何形成？——以北京基督新教群体为例》，《社会学研究》2005年第1期。

② Gluckman, M., "Gossip and Scandal", *Current Anthropology*, 4（2），1963, pp. 307–316.

③ 薛亚利：《村庄里的闲话：意义、功能和权力》，上海书店出版社，2009，21页。

说说心里好受多了……"Changjiang 说："我也在这个群上说家里的事情最多了，没怎么在其他群里聊天。"禾苗说："在陌生人群骂还好一点，我在我们小区宝妈群骂我老公……挺不好的其实。"Superbaby 说："还是要说出来能好一点。"禾苗说："说完我就好了。"Changjiang 说："我也是因为这个群里没认识的人好说一点。"由此，昔日的"陌生"原本是阻碍交流之山，在网络虚拟社区中却成为一项重要的沟通资源。

作为一种社会现象与一个社会科学概念，闲话本身就是社会个体（自我）类别化的表征，闲话只会向特定的对象诉说，在有限的空间内传播。"类别化"是指当个体将自我与一个类别建立心理联系之后，会形成对该类别的认同，进而建构、凸显与该类别以外的人相区隔的特性。① 约翰·特纳于 20 世纪 80 年代后期提出自我分类理论（Self-categorization Theory），认为人们确实会自动地将事物进行分类，并在此基础上区分内群和外群。②社会心理学家埃里希·费洛姆（Erich Fromm）认为，"个体通过社会分类把群体分为内群体与外群体，并通过自我归类将自己归于某一群，将该群的特征赋予自身，内化其价值观念，接受群体的行为规范，最终实现社会认同的构建过程"③。社会认同，即"个体认识到他（或她）属于特定的社会群体，同时认识到作为群体成员带给他（或她）的情感和价值意义"④。进而言之，新生代父母在育儿微信群中正是借由育儿闲话实践进一步强化了群际边界与认同。

---

① 杨宜音、张曙光：《在"生人社会"中建立"熟人关系"对大学"同乡会"的社会心理学分析》，《社会》2012 年第 6 期。

② 周晓虹：《认同理论：社会学与心理学的分析路径》，《社会科学》2008 年第 4 期。

③ 宁晶、许放明：《青年趣缘群体符号边界的建构——以 XZ 户外俱乐部为例》，《当代青年研究》2016 年第 1 期。

④ Tajfel，H.，*Differentiation Between Social Groups: Studies in the Social Psychology of Intergroup Relations*（London: Academic Press，1978），pp. 51.

第六章 "育儿共同体"：媒介化育儿的文化意义

前面章节通过两个育儿微信群"深描"了媒介化育儿是如何发生的。从新生代父母角度来看，以下两点是至关重要的：一是新生代父母在育儿微信群内实践的育儿信息互惠；二是在微信群内，新生代父母的育儿闲话实践。如果说微信群内的育儿信息互惠更多地体现为新生代父母对以微信群为表征的新媒介技术的"驯化"（Domestication），那么，置身育儿微信群这一媒介空间，新生代父母之间无意识的育儿闲话展演则表现出育儿微信群作为一种媒介空间对新生代父母行为的"驯化"。从群己关系来看，这两个层面在发生过程中都表现出一种具有亲密关系的网络社群生活。在滕尼斯的共同体理论中，共同体是一种亲密的、有机的，体现为本质意志的关系状态。沿着这条思路，鲍曼又提出，共同体的交流是全面的。如此一来，新生代父母之间以育儿微信群为表征的媒介化育儿经验流露出共同体的内涵。由此，本研究提出，育儿共同体成为考察新生代父母以微信群为中介的媒介化育儿实践之文化意义的一个核心概念。在本研究中，育儿共同体作为一个分析概念，关乎"新生代父母""育儿""微信群""媒介化"诸主体之关系。

从共同体理论的类型谱系来看，"育儿共同体"属于网络共同体的范畴，共同体、网络共同体、育儿共同体之间的关系如图 6 - 1 所示。因此，理解"育儿共同体"离不开对"网络共同体""共同体"的追溯。

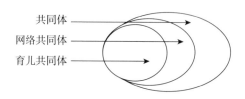

图 6 - 1 共同体、网络共同体、育儿共同体之间的关系

"共同体"一般是指通过共同的血缘、地缘以及共享的空间和信仰等因素将人黏结在一起的关系状态。站在当下的社会情境中，《共同体百科全书：从村庄到虚拟世界》（*Encyclopedia of Community: From the Village to the Virtual World*）勾勒了"共同体"与人的复杂关系："我们生活在这样一个时代：对共同体的需求在增长，同时又感觉共同体在衰落。然而，人们从未像今天一样，如此努力地构建、复兴、寻找和研究共同体。"① 当下，从理论发展史的角度观察"共同体"存在两条线索。一是社会变迁与社会转型，"共同体"作为一种学术表达于 19 世纪末在德语世界中被提出，"共同体"的衰落正是在社会演进过程中发生的，当时德国著名的社会学家斐迪南·滕尼斯最初提出这个特定表达时流露出对其的惋惜之情。在现代化的浪潮下，对于"共同体"如何存在的问题滕尼斯鲜有论及。著名社会学家齐美尔为我们描绘出现代都市人的四个性格特征："高度理性化""精于计算""人情淡漠""厌倦享乐"。那么，在一个由带有这些性格特征的人群构成的社会中，我们该如何重新审视"共同体"？二是线上与线下的线索，即真实空间与虚拟空间。前述

---

① Christensen, K., Levinson, D., *Encyclopedia of Community: From the Village to the Virtual World* (Thousand Oaks, CA: Sage, 2003), p. 31.

提及的《共同体百科全书：从村庄到虚拟世界》的副标题为"从村庄到虚拟世界"，其内在地标识出这条线索。也就是说，随着以互联网为代表的现代传播技术的高歌猛进，"共同体"的存在形态从家、村庄等现实物理空间演进到网络或线上虚拟空间。该条线索隐含了共同体的媒介技术或传播技术维度。因循此逻辑，笔者认为，自滕尼斯明确提出"共同体"概念以至本尼迪克特·安德森开始将媒介技术与共同体勾连在一起的这段时期称为共同体的"前媒介化"时代。所谓"前媒介化"时代，也就是说，媒介技术在共同体的形成过程中并未构成主要的影响因素，研究者们也很少考察共同体的技术维度。

第一节 共同体的"前媒介化"时代

使用"共同体的'前媒介化'时代"这样的表述有些无奈，因为它并不侧重表示共同体理论研究史上的某个特定时期，而是对共同体与媒介技术之间关系的一种描述，具体而言，共同体的"前媒介化"时代意味着共同体与媒介技术几乎未发生过明显的关联，这种倾向占据了共同体研究的半壁江山，下面对此展开具体的分析。

一 共同体的理论演进及现代诊断

作为一项学术议题，"共同体"的有关研究文献可谓浩如烟海。学术界对"共同体"（Gemeinschaft）的关注肇始于19世纪末德国著名社会学家斐迪南·滕尼斯对人的共同生活的研究。在《共同体与社会》一书的开篇，滕尼斯便提出"共同体"（Gemeinschaft）与

"社会"（Gesellschaft）这样一对范畴，他为德语中的两个同义词"Gemeinschaft""Gesellschaft"赋予了截然相反的含义：

> "对关系本身，因此也即结合而言，如果我们将它理解为真实的与有机的生命，那么它就是共同体的本质；如果我们将它理解为想象的与机械的构造，那么这就是社会的概念。"①

在两者的对比中似乎更能够理解滕尼斯将它们对立起来使用所要表达的意思："一个人自出生起就与共同体紧紧相连，与同伴分享幸福与悲伤；而一个人走入社会就像走入另一个国度。"② "共同体是持久的、真实的共同生活，社会却只是一种短暂的、表面的共同生活。"③ 在滕尼斯看来，所有亲密的、隐秘的、排他性的共同生活都被理解为共同体中的生活。他认为，血缘共同体、地缘共同体、精神共同体彼此之间保持着紧密的联系——血缘共同体逐渐发展、分化成地缘共同体，而地缘共同体又进一步发展并分化成精神共同体。④

从1887年斐迪南·滕尼斯正式提出"共同体"概念，至今已有130多年的历史。在该概念的理论演进中，美国社会学研究者查尔斯·卢米斯（Charles Loomis）至关重要，1957年他将滕尼斯的德语著作翻译为英语（*Community and Society*）并在伦敦出版，谷歌学术对其的引用次数达到5138次（截至2021年7月14日）。这奠定了"共同体与社会"走向大众化的最初基础。"共同体"这一概念在百余年的理论演进中，形成了"关系共同体""利益共同体"

---

① 〔德〕斐迪南·滕尼斯：《共同体与社会》，张巍卓译，商务印书馆，2019，第68页。
② 〔德〕斐迪南·滕尼斯：《共同体与社会》，张巍卓译，商务印书馆，2019，第68页。
③ 〔德〕斐迪南·滕尼斯：《共同体与社会》，张巍卓译，商务印书馆，2019，第71页。
④ 〔德〕斐迪南·滕尼斯：《共同体与社会》，张巍卓译，商务印书馆，2019，第87页。

"政治共同体""民族共同体"等理论概念。研究的路径与取向各异，即使对"何谓共同体"的认识也是纷繁复杂，这从下面这则数据中可窥见一二：据相关研究者统计，1955 年，关于"共同体"的界定达 94 种；1971 年增至 98 种；1981 年达 140 余种。① 一百多年前，当滕尼斯写下"共同体"时可能很难想到，一百多年后的今天人们依然使用它，并不断赋予"共同体"新的内涵。无论关于"共同体"存在何种争议，大多都是美好的描述，比如，波兰著名社会学家齐格蒙·鲍曼指出，"只有在共同体中，个人才能获得全面发展其才能的手段，也就是说，只有在共同体中才可能有个人自由"②。

　　穿越一百多年的时空看，滕尼斯将"社会"和"共同体"对立起来着实让人难以捉摸。因为"社会"一词的古老含义比较接近或者说包含了"共同体"的内涵。比如，"社会"一词至少包括这样几种古老含义："伙伴关系""同他人友好或亲密地交往""生活在一个大体上有序的共同体中的人的集合"。③ 这显然是滕尼斯所说的"共同体"的内涵，那么，滕尼斯为什么把这两个含义相近的词对立起来使用呢？答案可能在于社会的进步使社会发生了日渐明显的分化，使"社会"距离它的古老含义越来越远，从这个层面而言，滕尼斯的这一"难以捉摸"的奇怪做法变得可以理解，变得前卫起来。

　　在考察"共同体"的理论史时，紧随滕尼斯之后，研究者们通常会论及法国社会学家爱弥儿·涂尔干（Émile Durkheim）的"共同体"思想。但是，细察之，涂尔干并没有专门直接论述过"共同体"的问题，目前将他的"有机团结"、"机械团结"与"共同

---

① 李慧凤、蔡旭昶：《"共同体"概念的演变、应用与公民社会》，《学术月刊》2010 年第 6 期。
② 〔英〕齐格蒙·鲍曼：《被围困的社会》，郇建立译，江苏人民出版社，2005，第 23 页。
③ 〔英〕齐格蒙·鲍曼：《被围困的社会》，郇建立译，江苏人民出版社，2005，第 23 页。

体"勾连起来充其量只能说是一种阐释，况且滕尼斯的"共同体"直接针对的是逝去的乡村/村庄及其中的关系，不是现代性的关系。然而，涂尔干的"有机团结""机械团结"却是围绕现代社会中人与人的关系以及社会分工的讨论，所以两者的问题不处于同一层面上，但这也不否认两者在理论阐释上产生关联及对话的可能性。

然而，社会学家马克斯·韦伯（Max Weber）对"共同体"的研究目前仍处于"隐没的地带"，较少受到人们的关注。同为德国思想家，韦伯可以说是紧随滕尼斯之后，直接谈论"共同体"比较多的研究者，这主要体现在他于1921年出版的《经济与社会》一书中。他将"共同体"理解为一种社会关系，作为一种社会关系，共同体关系是冲突关系最根本的对立面，只要社会行动的取向是基于各方同属的主观感情，这种社会关系就是共同体关系。[①] 他还论述了"家族共同体""邻里共同体""宗教共同体""政治共同体"等理论概念。韦伯认为，所谓"政治共同体"就是其社会行动的目的是由参与者借助已经准备就绪的物理暴力使一定"领土"以及领土之内人员的行为服从有序支配。[②] 如此一来，在韦伯对共同体的理解中，政治共同体就是一种生死与共的政治斗争共同体，而这又形成共同的记忆，即记忆共同体，这是构成民族意识的核心要素。

20世纪初期工业技术的迅猛发展和社会的巨大变革，使共同体成员（现代个体）在经历孤独和离散的体验后，重新回归单子化或碎片化的生存状态，共同体面临着失落的危机。[③] 著名政治学家与

---

① 〔德〕马克斯·韦伯：《经济与社会》（第一卷），阎克文译，上海人民出版社，2010，第134、132页。

② 〔德〕马克斯·韦伯：《经济与社会》（第二卷），阎克文译，上海人民出版社，2010，第1036页。

③ 王琦：《从"共同体的失落"到"文学的共通体"——论南希的文学共同体思想》，《中国语言文学研究》2020年秋卷。

社会学家阿历克西·托克维尔（Alexis Tocqueville），曾如是描述现代人的这种原子化状态：

> 每个人都只顾自己的事情，其他所有人的命运都和他无关。对于他来说，他的孩子和好友就构成了全人类。至于他和其他公民的交往，他可能混在这些人之间，但对他们视若无睹；他触碰这些人，但对他们毫无感觉；他的世界只有他自己，他只为自己而存在。①

在一些研究者看来，如今的共同体已经解体了，那么，我们为什么会怀念共同体？在另一些学者眼中，从邻里社区到民族国家，从线下到线上，共同体在现代社会中的存在是可能的，问题的核心是如何建构与维系共同体。百余年来，即使城市规划者也都致力于在城市内部建设或保留共同体的地域。② 那么，我们为什么致力于建设和维系共同体？原因不仅仅是共同体属于美好的事物。无论对于共同体如何争论，但这都应该是大多数研究者达成的共识：共同体是关于"个人"与"群体"关系的描述。下面笔者就尝试从这两个方面给出回答。从个人层面来看，共同体的存在可以使个人在群体生活或公共生活中拥有一种积极的、健康的、美好的、和谐的群己关系，无论处于何种社会、何种历史时期，这都是个人所追寻的群己关系。换言之，共同体是事关人类幸福感的必备条件之一。③ 就群体的层面而言，共同体可以丰富、促进良好的公共生活。罗伯特·帕特南通过综合分析公共卫生、医疗健康等领域的数据带着隐

---

① 〔美〕理查德·桑内特：《公共人的衰落》，李继宏译，上海译文出版社，2014，第1页。
② 〔美〕理查德·桑内特：《公共人的衰落》，李继宏译，上海译文出版社，2014，第403页。
③ 〔英〕保罗·霍普：《个人主义时代之共同体重建》，沈毅译，浙江大学出版社，2010，第139页。

喻性的口吻从反方向论述了共同生活衰落可能产生的后果，他认为，如果人们宁愿在家看电视或独自去打保龄，也不再愿意与邻里一起喝咖啡与闲聊，那么，"独自看电视""独自打保龄"就会成为对国家公共健康最严重的挑战之一。① 英国学者保罗·霍普（Paul Hopper）认为，通过重建共同体可以激发公众带有公共精神的行为，而所谓公共精神"表现为一个人可以不计自己得失，为了他人的利益能够随时准备参与更多的地方共同体活动"②。在这个意义上而言，人们通过共同体生活（比如社区邻里关系）可以获得相互交往与加深了解的机会，这给共同体和群体生活带来新的活力。③ 约翰·杜威间接触碰了这一问题，在他看来，共同生活意味着自由交流，互相往还，交换感情和各种有价值的东西，总之，相互交换的关系是共同生活的要素。然而，如果缺少共同生活，社会本身则不能持久。④ 19~20 世纪"共同体"研究的核心文献见表 6-1。

表 6-1　19~20 世纪"共同体"研究的核心文献一览（部分）

序号	文献名称	作者	首次出版时间
1	《共同体与社会》	〔德〕斐迪南·滕尼斯	1887 年
2	《经济与社会》	〔德〕马克斯·韦伯	1921 年
3	《共同体》	〔英〕齐格蒙·鲍曼	2001 年
4	《无用的共通体》	〔法〕让-吕克·南希	2004 年
5	《来临中的共同体》	〔意〕吉奥乔·阿甘本	1993 年

---

① 〔美〕罗伯特·帕特南：《独自打保龄：美国社区的衰落与复兴》，刘波、祝乃娟等译，北京大学出版社，2011，第 380~381 页。

② 〔英〕保罗·霍普：《个人主义时代之共同体重建》，沈毅译，浙江大学出版社，2010，第 7 页。

③ 〔英〕保罗·霍普：《个人主义时代之共同体重建》，沈毅译，浙江大学出版社，2010，第 87 页。

④ 〔美〕约翰·杜威：《民主主义与教育：杜威在华演讲录》，安徽教育出版社，2013，第 78~79 页。

序号	文献名称	作者	首次出版时间
6	《不可言明的共通体》	〔法〕莫里斯·布朗肖	1983 年
7	《想象的共同体：民族主义的起源与散布》	〔美〕本尼迪克特·安德森	1991 年

二 "家"与"村落"：古典共同体的两种形态

从滕尼斯的"共同体"讨论中可以若隐若现地观察到"家"的意象与隐喻。这一点同样为《滕尼斯传：佛里斯兰人与世界公民》的作者乌韦·卡斯滕斯（Uwe Carstens）所注意到：

> "在这个大屋顶下，斐迪南·滕尼斯度过了他生命的最初 9 年，与他的家庭和村庄共同体有着最密切的关系，可能由于乡村生活还处在传统的约束中和安全里，他在这里感受了亲情的温暖，深受启迪，这些启迪远远地影响到后来他的基本理论的构想。"①

换言之，在滕尼斯的共同体理论体系中，家是开始的地方。这也就不奇怪他后来将"母子关系""夫妻关系""兄弟姐妹关系"视为共同体的最初胚胎形式。可以说，家或家庭关系是共同体寓居的首要场所。中国有学者提出，家庭是一种命运共同体，是共同体的一种特殊形式。"第一，对子代而言，家庭并非一种自愿的选择，这种非自愿性构成命运共同体的初始条件。""第二，家庭是一个内

---

① 〔德〕乌韦·卡斯滕斯：《滕尼斯传：佛里斯兰人与世界公民》，林荣远译，北京大学出版社，2010，第 6 页。

部实施共产主义的集体经济单位。"① 李旭东认为，共同体是一种关系，在中国文化中"家""国""天下"是三种最重要的共同体，而"家"是共同体最基本的分析单位。②

从词源上来看，家不仅仅是一个由血缘凝结而成的共同体，鲍曼指出，在前资本主义时代，家代表着由相互联结在一起的机构（比如邻里、村庄、行会等）构成的复杂的网。③ 概而言之，家的古老含义中包含了邻里与乡村的范畴，它们之间具有一种天然的联系。在中国社会情境下，千千万万的传统乡村正是共同体的写照，兼有滕尼斯所述的血缘共同体、地缘共同体和精神共同体这三种共同体的特征。费孝通在《乡土中国》里勾画的传统乡村中的"差序格局""无讼"等关键词，标识出中国乡村作为地域共同体的重要特征。④ 有研究者尝试对"村落共同体"或"村社共同体"做如下界定，其"是建立在利益相关、情感相连、意义共享基础之上，由村治主体、村社内交往单元和身份认同等核心要素构成的多维整体"⑤。

滕尼斯提出"共同体"的概念是基于何种社会现实或要回应何种社会问题的疑问，这一疑问往往被人忽视。19 世纪末 20 世纪初，在资本主义发展浪潮中"村庄"逐步被"城镇"所取代，"从 1871 年到 1910 年，德国用不到 40 年的时间就实现了城镇化"⑥，这意味着在德国传统村落的瓦解、新型城镇的兴起。看似巧合的是，滕尼

① 李风华：《何以为家：一种基于共同人身所有权的命运共同体》，《探索与争鸣》2019 年第 12 期。
② 李旭东：《论和谐概念的三种形式——基于"家—国—天下"共同体概念的分析》，《社会科学战线》2010 年第 12 期。
③ 〔英〕齐格蒙·鲍曼：《被围困的社会》，郇建立译，江苏人民出版社，2005，第 65 页。
④ 朱志平、朱慧劼：《乡村文化振兴与乡村共同体的再造》，《江苏社会科学》2020 年第 6 期。
⑤ 孙枭雄、仝志辉：《村社共同体的式微与重塑——以浙江象山"村民说事"为例》，《中国农村观察》2020 年第 1 期。
⑥ 田德文：《当代世界：欧洲城镇化历史经验的启示》，人民网，2014 年 2 月 25 日，http://world.people.com.cn/n/2014/0225/c187656-24460386.html

斯创作《共同体与社会》正是在 1880~1887 年。在这样的社会现实情境下，滕尼斯表现出浓郁的"乡愁"与"怀旧"情结。滕尼斯认为，"共同体"内在地意味着一种"需要的体系"。然而，就人类社会的整体演进而言，从 18 世纪开始人们对"共同体"的需要更加迫切。正如研究者指出：

> "在工业革命和资本主义全球化之际，人们忽然发现周围的世界/社区变得陌生了：传统价值分崩离析，人际关系不再稳定，社会向心力逐渐消失，贫富差别日益扩大。换言之，就是人类对共同体的需求已迫在眉睫。"①

在人类浩浩荡荡的现代化进程中，逐渐产生了"城市"与"乡村"的分野，不论是在东方还是西方，不论是在发达地区还是在发展中地区，这种分野今天依然泾渭分明。除了家以外，可以说，"乡村"是共同体寓居的另一个场所，也是共同体的另一种存在形态。然而，在现代"城市"中似乎基本不存在纯粹意义上的共同体，众多研究者已经对这一点进行了相关论述。比如，卢尧选便指出，"虽然从滕尼斯和费孝通当时对社区的定义来看，城市社区并不是完全意义上的'社区'或共同体，但我们认为城市社区虽然不是纯粹意义上的共同体，也应具有一些共同体的性质，并反映出共同体的一些特征"②。通过前面的相关论述也可以明显地发现，在滕尼斯那里，共同体显然是存在于"乡村"以及"乡村"中的家庭。需要注意的是，滕尼斯在论述共同体时所谈论的家庭是存在于乡村中的家庭，而不是现代城市中的家庭，虽然他没有明确指出这一

---

① 殷企平：《共同体》，《外国文学》2016 年第 2 期。
② 卢尧选：《村落共同体研究的理论传统与特征》，《学海》2019 年第 5 期。

点，但是我们可以隐约看到这种倾向。因为在他看来，作为"社会"表征的城市是"共同体"的对立存在，所以，"社会"中不可能存在"共同体"的形态。

在不同国家和地区之间，由于地理、文化、历史、政治等差异，各地的乡村也是异质的。譬如，"无讼""熟人社会"等。另外，在工业文明带来社会进步的同时，"所有的人都得承受失去有机共同体的痛苦"[①]。当下，中国农村的"空心化"以及城镇化浪潮，衍生出以下两种观点：一是村落终结论，该观点认为，在现代化和技术加速发展的浪潮下中国传统村落无论在组织方式、社会结构还是空间等方面都面临着失序和无序，最终将不可避免地走向"终结"[②]；二是村落再生论，其内在逻辑在于，现代化和技术进步既是摧毁性力量，也是再生性力量，在现代化和技术进步的过程中传统村落也会以新的方式实现再造。如果说村落作为一种共同体，在中国当下的社会情境下，就会有"共同体消失了吗"的疑惑。对这一问题很难一概而论地给出答案，这从目前的研究状况中也可以看出来，有研究者认为共同体已消逝，有研究者为之辩护，因实际情况可能存在千差万别的可能。这就启示我们要回到具体的村落中寻找具体的可能。有研究者在对中国现代社会中的村落考察时提出"共同体社会"的概念，具体而言，现代中国农村除有其内在习俗、道德和交往秩序之外，还有现代自由、平等、民主、法治等要素的嵌入，这构成了"共同体社会"的空间意义。"以共同体为本""以社会为用"是共同体社会呈现出的两个特征。[③]

从一般意义上而言，社会变迁理论认为，"从农业社会向现代

---

① Leavis, R., Thompson, D., *Culture and Environment*：*The Training of Critical Awareness*（London：Chatto & Windus，1964），p. 91.

② 李培林：《巨变：村落的终结——都市里的村庄研究》，《中国社会科学》2002 年第 1 期。

③ 张扬金：《村治秩序多维分析与现代村落共同体建构》，《甘肃社会科学》2020 年第 3 期。

产业社会转型过程中，地域社会最基本的变动是在农业社会形成的共同体的解体"①。贝克等研究者通过对 20 世纪中后期西方社会的观察指出，传统共同体面临严重挑战，就连最自然的家庭关系也变成了"选择性亲密关系"②。

三 超验之路：共同体的哲学讨论

"经验—超验"是让研究者爱恨交织的一对范畴。如果从"经验—超验"的角度看，本章前面讨论的"家"共同体、"村落"共同体、"国家"共同体，等等，都是围绕"经验"展开的讨论，也就是通常所言的"经验研究"的取向与范畴。然而，转身会发现，"超验"是理解共同体的另一把"钥匙"。

从超验层面理解共同体主要表现为哲学家、文学理论家等从更为普遍、更为本质的意义上对共同体的讨论，20 世纪后半叶以降，诸如哲学家海德格尔、卡尔·马克思、文学理论家莫里斯·布朗肖等对共同体或共通体的研究表现出较大的热情，丰富了共同体的超验理论内涵，使"共同体"走出社会科学的经验范畴，为理解共同体开拓出另一种想象空间，而这一取向尚未引起相关研究者的足够关注。

莫里斯·布朗肖（Maurice Blanchot）是法国著名的作家和文学理论家，1984 年，在他 77 岁高龄时，其以法语出版了小册子《不可言明的共通体》。在这本小册子中，他以一种另类的眼光思考"共通体"（法语"Communaute"）问题，开启了思考"共通体"的

① 李国庆：《关于中国村落共同体的论战——以"戒能—平野论战"为核心》，《社会学研究》2005 年第 6 期。

② 〔德〕乌尔里希·贝克、伊丽莎白·贝克 – 格恩斯海姆：《个体化》，李荣山、范譞、张惠强译，北京大学出版社，2011，第 85 页。

新方式，吸引了同世代以及后来诸多研究者接续这一研究取向。叙述至此，一个疑惑会自然而然地冒出来，那就是"共同体"怎么变成了"共通体"，这当然是布朗肖的杰作。细究起来，这可以看作一个学术概念跨文化旅行所产生的问题，法语"Communaute"既可以翻译为"共通体"，也可以翻译成"共同体"。也就是说，将法语词汇"Communaute"翻译为"共通体"或"共同体"原则上都是可行的，之所以在国内将其译作"共通体"，是因为这样的行为从命名策略上便标识出布朗肖对"共同体"的另类理解，意味着其已经不是滕尼斯式意义上的"共同体"。除此之外，让－吕克·南希在《无用的共通体》一书的"作者中文版序"中对采取该译法有较为详细的交代。

透过布朗肖的小册子《不可言明的共通体》，我们可以带着布朗肖的口吻进行这样的提问：在"共通体"中关键的是什么？"共通体"如何可能？在布朗肖的理论体系中，"共通体"首先是基于"每一个存在的生存召唤一个他者或诸多他者"[①] 而成为可能的；其次，"只有全人类的需要都平等地得到满足共通体才可能存在"[②]。在《不可言明的共通体》中，布朗肖甚至激进地提出，一个人也可以成为共通体，只要他在写作，他就是在与他人交流，就能成为一个超验的共同体。

自从 18 世纪末期，滕尼斯开启"共同体"的理论言说开始，人们对"共同体"的关注几乎都未走出滕尼斯为谈论"共同体"所奠定的基调——共同体总是近乎乌托邦式地寄托着美好的想象。然而，这一基调在 20 世纪 80 年代被文学研究领域的"闯入者"打破

---

① 〔法〕莫里斯·布朗肖：《不可言明的共通体》，夏可君、尉光吉译，重庆大学出版社，2016，第 12 页。

② 〔法〕莫里斯·布朗肖：《不可言明的共通体》，夏可君、尉光吉译，重庆大学出版社，2016，第 5 页。

了。那么，"共同体"原本作为一个社会学的学术概念为什么会受到文学领域研究者们的关注呢？"大凡优秀的文学家和批评家，都有一种共同体冲动，即憧憬未来的美好社会，一种超越亲缘和地缘的、有机生成的、具有活力和凝聚力的共同体形式。"① 不管出于何种原因，文学研究者们开始关注共同体的问题，但是我们可以明确看到一个事实性的转变：20世纪80年代，文学理论和文学批评领域由对共同体的怀念和依恋转为激烈的批判。可以说，这一潮流主要起源于法国，由法国著名文学理论家乔治·巴塔耶（Georges Bata-ta）开端，他在考察个体如何形成一个整体时提出"共通体"的观点，在他看来，每一个存在的个体都是不充分的原则与表现，这内在地召唤共通体。布朗肖、南希紧随其后，继承其思想衣钵。从他们的著述的名称中，我们也可以看出他们对"共同体"的解构倾向以及激进的基本态度。

《内在体验》（法语为"Expérience Intérieure"）是巴塔耶"无神学大全"三部曲的开山之作，在这本书的开篇，他便对"宗教教条奴役""神秘主义"展开了激烈批判，主张从"内在体验"的角度重新探讨人的存在问题。巴塔耶认为，"内在体验"就是一种神秘体验，即迷狂状态、出神状态，至少是冥思情感的状态。② 进而言之，"内在体验"与迷狂、交流、非知、共通体等密切相关，沿着这样的思路，巴塔耶自然而然地关注到了"共通体"的问题。在他的理论体系中，人的生命，从根本上说，存在着一种不充分性原则，因此，没有人能够逃离社会的构成。③ 同时，他认为，诸如珊瑚虫、管水母之类的生物在群落中聚集，但不形成社群，而作为

---

① 殷修平：《共同体》，《外国文学》2016年第2期。
② 〔法〕乔治·巴塔耶：《内在体验》，广西师范大学出版社，2016，第8页。
③ 〔法〕乔治·巴塔耶：《内在体验》，广西师范大学出版社，2016，第112、117页。

高级动物的人的聚集则形成了稳固的社群。[①] 这为布朗肖、南希等理论家进一步探索共通体的问题提供了思想资源和灵感启发。

在南希的思想体系中，"共同体"问题就是一个哲学问题，是一个存在本身的问题，因为存在永远意味着我与他者的共在。[②] 有研究者指出，南希的"共同体"哲学揭示了"真正的共同体是不可能存在的，但人类却生活在对它的虚构中"[③]。这也不奇怪，因为在南希有关"共同体"的讨论中总是随处可以发现类似这样的判断："共同体仍然没有被思考过""共同体还没有发生过"等。这被认为是"南希之辩"（Nancy Debate）。在本章第一节中，我们论及目前我国城镇化背景下社会学学者对村落作为共同体开始衰落的争论，跳出我国城镇化的具体社会语境，共同体如今是否衰落，这一问题在南希看来，共同体的衰落只不过是我们为自己捏造的一个幻影，他如是论述道：

> "没有任何东西已经失落，由于这个原因，也就没有任何东西失落。仅仅是我们自己失落了，社会纽带（诸多关系、交往）、我们自己的发明，现在就像一张经济的、技术的、文化的罗网一样，紧紧地罩在我们头上。由于被网眼缠住了，于是我们为自己捏造了一个失落的共同体的幻影。"[④]

既然共通体的衰落是个伪命题，它从来没有衰落，那么，该如

---

① 〔法〕乔治·巴塔耶：《内在体验》，广西师范大学出版社，2016，第114页。
② 〔意〕德·洛佩兹：《世界的"少许不同"：吉奥乔·阿甘本〈来临中的共同体〉导读》，《来临中的共同体》，西北大学出版社，2019，第135~165页。
③ 但汉松：《"卡尔"的鬼魂问题——论品钦〈秘密融合〉中的共同体和他者》，《当代外国文学》2015年第4期。
④ 〔法〕让-吕克·南希：《无用的共通体》，郭建玲、张建华、夏可君译，河南大学出版社，2016，第25页。

何理解共通体呢？南希带着邻邦哲学家海德格尔的论调说，问题应该是存在的共通体，而不是共通体的存在，因为没有什么比存在更为共通的了，这是存在的自明性。① 因此，不同于滕尼斯等研究者将共通体的本质描述为一种关系或关系状态，南希认为，共通体既不是抽象的或非本质的关系，也不是一个共同的实体，而是这一个与另一个的共在。②

意大利著名哲学家吉奥乔·阿甘本关于共同体的洞见看起来更加令人匪夷所思，但又极具启发性。他关于共同体的论述主要集中在《来临中的共同体》一书里，在这本书中他对传统共同体的观念发起挑战。"潜能"作为一个哲学概念自从亚里士多德以来不断为哲学家们所关注，乍一看，这样一个哲学概念似乎很难与共同体产生关联，却构成了阿甘本"来临中的共同体"的理论核心。在阿甘本的理论体系中，共同体永远处在即将到来的过程和状态中，"来临中的共同体"是命名众多存在的集体潜能的一种方式，指的是一种人类归属的可能形式。③ 由此可以看出，共同体在阿甘本的思想里，意味着某种形式的归属，而不是内在性的归属。可以说，阿甘本将共同体的悲观论调发挥到了极致，他甚至认为，共同体是难以实现的，这从他下面的论述中感受到：

> "本质各异的事物组成的共同体的观念、会同性——绝不牵涉本质的会同性——的观念，在这里是至关重要的。个别事物的各就其位地发生、它们在广延属性中的联系，并不使它们

---

① 〔法〕让－吕克·南希：《无用的共通体》，郭建玲、张建华、夏可君译，河南大学出版社，2016，第 189、190、213 页。

② 〔法〕让－吕克·南希：《无用的共通体》，郭建玲、张建华、夏可君译，河南大学出版社，2016，第 243 页。

③ 〔英〕亚历克斯·默里：《为什么是阿甘本》，王立秋译，南京大学出版社，2020，第 54 页。

在本质/所是中统合为一，而是让它们在实存中散解开来。"①

综上所述，20世纪是共同体研究的蓬勃时期，尤其是20世纪后半期超出社会学的疆界在哲学、文学等领域涌现出对"共同体"越来越多的关注。

其实，不管是在布朗肖、南希还是阿甘本的有关共同体的论述中，隐约都可以看到海德格尔的影子，或者说，海德格尔的存在哲学是他们考察共同体的重要思想资源之一。但是，与他们以逻辑思辨的方式解构共同体的取向不同，海德格尔在试图寻找建构的可能性。海德格尔虽然很少直接使用"共同体"这一概念，但是他所谈论的"共在"，内在地关乎共同体的本质问题。海德格尔在《存在与时间》中仅有一处直接谈论"共同体"，即"我们用天命来标识共同体的演历、民族的演历"，然而，他所说的"天命"（德语 Geschick）是何意，又为何用天命标识共同体，等等，是另一个值得追寻的问题。

概而言之，从巴塔耶、南希到阿甘本，他们对共同体的论述让我们看到了共同体的另一个隐秘面向，也向我们展示出哲学家是如何有别于社会学家、人类学家发问的。他们不约而同地将共同体的隐忧以各种方式掰开、揉碎展示给人们，试图以纯哲学的方式进行解构，这不免使人有些心灰意冷。如此一来，共同体作为一种在现实生活中我们想象和建构共同生活的典范的价值与意义似乎在一定程度上被削弱了。具体而言，以往，共同体被认为不仅是解决当代人"原子化""冷漠"等高度理性化人格的一个突破口，还是直面如今人类生存危机的一个切入点。那么，通过南希和阿甘本对共同

---

① 〔意〕吉奥乔·阿甘本：《来临中的共同体》，相明、赵文、王立秋译，西北大学出版社，2019，第26页。

体的悲观论述，在现实生活中，我们如何与他者相处呢？应然与实然的交织，不免使人们对共同体的认识与实践的可能性变得更加复杂，更让人难以捉摸。然而，从实践理性出发，不应忘记"人活着是凭切实的体验，而不是逻辑的解释"①。

第二节　媒介技术与共同体

本节让我们从媒介技术的维度来考察共同体，在这样的脉络下，以新媒介技术为中介的媒介化的育儿共同体就顺理成章地发生了。从近现代印刷术到眼下的互联网，媒介技术成为理解共同体"进化"的一个基本观察点。英国著名文化研究者雷蒙·威廉姆斯（Raymond Williams）指出了这一点："大众传播的技术，只要我们判定它们缺乏共同体的条件，或者以不完整的共同体为条件，那么这些技术就与真正的传播理论毫不相干。"②

虽然 19 世纪初电报作为一种新传播技术已经在彼时的欧洲社会诞生，但不管是滕尼斯的"共同体"与"社会"还是后来的埃米尔·涂尔干关于"机械团结""有机团结"的研究似乎都未与当时的传播技术发生明显交集。沿着这条线索，继续在学术史的河流中钩沉索隐会发现，20 世纪中期本尼迪克特·安德森对共同体的研究具有里程碑式的意义。在他看来，民族作为一种想象出来的政治意义上的共同体迥异于由神圣语言所结合起来的古典共同体。③ 那么，

① 〔法〕乔治·巴塔耶：《内在体验》，广西师范大学出版社，2016，第 46 页。
② 〔英〕雷蒙·威廉姆斯：《文化与社会：1780～1950》，高晓玲译，吉林人民出版社，2011，第 327 页。
③ 〔美〕本尼迪克特·安德森：《想象的共同体：民族主义的起源与散布》，吴叡人译，上海人民出版社，2016，第 12 页。

民族作为一种想象的共同体是如何可能的呢？安德森敏锐地意识到印刷科技作为一种传播技术在大众传播中的力量，他如是论述："……资本主义创造了可以用机器复制，并且通过市场扩散的印刷语言。这些印刷语言以三种不同的方式奠定了民族意识的基础……这些被印刷品所联结的'读者同胞们'，在其世俗的、特殊的和'可见之不可见'当中，形成了民族的想象的共同体的胚胎。"① 美国文化研究的代表人物詹姆斯·凯瑞（James Carey）同样看到了传播技术在国家共同体形成中的直接作用——美国这样一个地域广袤、人口混杂的大陆国家何以结成一个共同体呢？在他看来，"答案就在文字与车轮、运输与传递中，也就是在印刷机和土木工程的威力中把广袤的地域和庞大的人口凝聚成一个文化整体"② 。安德森与凯瑞的上述讨论与洞见，可以看作对19世纪印刷、电报等传播技术的社会与文化实践的一种回应。

从此，越来越多的研究者看到媒介技术与共同体的密切关联。他们不仅观察到，媒介技术在建构、形成共同体中扮演不可或缺的角色，还敏锐地注意到，共同体走向衰落，也有媒介技术的作用。比如，在南希看来，共同体的分裂、错位与动荡是现代世界最重大、最痛苦的见证。③ 除了原子化或个体化的影响外，现代技术也是一个不容忽视的因素。德国社会学家著名乌尔利希·贝克就曾指出，电视的出现直接改变了"人们交流、体验与生活的传统环境"，摧毁了人与人之间的直接对话，削弱了社会参与，从这个意义上而

---

① 〔美〕本尼迪克特·安德森：《想象的共同体：民族主义的起源与散布》，吴叡人译，上海人民出版社，2016，第43页。
② 〔美〕詹姆斯·凯瑞：《作为文化的传播》（修订版），丁未译，中国人民大学出版社，2019，第4~5页。
③ 〔法〕让－吕克·南希：《无用的共通体》，郭建玲、张建华、夏可君译，河南大学出版社，2016，第1页。

言，人变成了一群孤独的遁世者。① 如果说电视减少了社会参与和共同生活，那么，这种影响是如可发生的呢？美国政治学家罗伯特·帕特南在《独自打保龄：美国社区的衰落与复兴》一书中给出了三种可能，即"电视占据了稀缺的时间""电视会产生抑制社会参与的心理影响""特定的电视节目内容减少参与公共活动的动机"。②

然而，技术的脚步从未停歇，传播技术以其特有的方式对社会和日常生活进行重构。虽然人们有意识地使用"共同体"这样一个概念描述对理想公共生活/共同生活的向往只有百余年的历史，但是人们对共同体所蕴含的亲密关系与美好生活的追求却自古有之。20 世纪末以来，人类社会进入一个新阶段，即网络社会兴起。新世纪初，社会学家曼纽尔·卡斯特（Manuel Castells）的"网络三部曲"（《网络社会的崛起》《认同的力量》《千年的终结》）向人们展示了互联网的力量。当下，微博、微信、抖音、Facebook、Twitter等社交媒体风起云涌，由这些新传播技术构筑的网络社会给"共同体"实践带来了新的可能。20 世纪末，齐格蒙·鲍曼提出，共同体包括"有形的共同体"与"无形的共同体"。这样的观点在某种程度上是对网络共同体的预言。随着以互联网为代表的新传播技术与日常生活的深度互嵌，网络共同体成为可能。网络共同体，即"网络中以某些共性或纽带连接在一起的人群集合"，网络空间的集中性、行为方式的相似性、情感联系、利益导向等被认为是形成网络共同体的核心要素。③ 互联网将散落在各处的社会个体通过 QQ、微博、微信等方式重新聚合起来，这为共同体带来了新的可能。有研

① 〔英〕保罗·霍普：《个人主义时代之共同体重建》，沈毅译，浙江大学出版社，2010，第65 页。

② 〔美〕罗伯特·帕特南：《独自打保龄：美国社区的衰落与复兴》，刘波、祝乃娟等译，北京大学出版社，2011，第 275 ~ 276 页。

③ 彭兰：《"液态""半液态""气态"：网络共同体的"三态"》，《国际新闻界》2020 年第10 期。

究者将之称为一种新型共同体。[①] "人们可以很容易地进入各种 QQ 聊天群、微信群等一个又一个虚拟的网络共同体中，聚集在一起通过发帖子、评论留言、点赞等方式参与讨论共同感兴趣的话题。"[②] 这可以看作目前对网络共同体较为经典的描述，由此可以看出，网络共同体并不是一个大而化之的整体，其中存在不同的模式和形态。

有论者认为，网络共同体作为一种网络空间中的团体或组织，具有自发性、跨功能性、组织形式的松散性、背景的相似性等典型特征。[③] 亦有研究者将网络共同体描述为一种"无组织的组织"，即"网络共同体的形成具有自发性，没有相应的管理人员，也没有规章制度，完全是一个没有组织的组织"[④]。这样的认识与观点对于理解作为一种网络共同体的育儿共同体缺乏解释力。同时，与传统意义上的共同体相比，网络共同体中的以"信息联系为连接纽带而形成"的因素被无限放大。

综上所述，随着 19 世纪印刷术、电话等现代传播技术的诞生，共同体的媒介化的历程就开始了，随着现代传播技术"日新月异的发展"，共同体的媒介化程度日益凸显。我们姑且可以将这样的实践概念化为"媒介化的共同体"，这是考察共同体的一种新的方式，是关于现代信息传播技术对共同体塑造的探讨。与现代信息传播技术同步，媒介化的共同体这一概念会衍生出各种各样的实践，本研究所考察的育儿共同体即是其中的一种实践，或者说是其中的一个子集。

---

① 胡百精、李由君：《互联网与共同体的进化》，《新闻大学》2016 年第 1 期。
② 陈龙，杜晓红：《共同体幻象：新媒体空间的建构互动与趣味建构》，《山西大学学报》（哲学社会科学版）2015 年第 4 期。
③ 李斌：《网络共同体：网络时代新型的政治参与主体》，《中共福建省委党校学报》2006 年第 4 期。
④ 郭彦巧、田钰滢：《从媒介发展视角看网络共同体的构建》，《新闻传播》2014 年第 2 期。

第三节　媒介化的育儿共同体

结合前文所述，如果说一个国家、一个民族是共同体在宏观层面的实践，一个家庭、一个村庄是中观层面的实践，那么，育儿共同体则是微观层面共同体的一个体现。

在研究过程中，笔者经常能够有意或无意地在互联网上看到冠以如是标题的帖子："从新生代父母到合格的妈妈，你需要做到哪些？""新生代父母最常遇到这 20 个问题，看了就不慌了！""新生代父母带宝宝，最好避免这三个误区，不然麻烦大了""看了几十本育儿书，我推荐这几本给新生代父母""你不知道的 10 个新手爸妈最容易犯的护理错误，一定要认真看完！"……显然，数字化、智能化时代正改变着父母的育儿方式和观念，建构新的育儿经验。作为"数字原住民"的"80 后""90 后"新生代父母与互联网的连接更加紧密，互联网成为其父职或母职实践的当代社会情境，亦是新生代父母获取育儿资源以及增强"为父"或"为母"主体性的世代隐喻。本研究通过对两个新生代父母育儿微信群的田野研究发现，虽然在育儿微信群内新生代父母互为陌生人，但群内成员以"育儿知识的相互推送"和"多元育儿经验获取"的线上互惠方式结成关系紧密的网络社群。作为网络空间实践中的一种表征性活动，新生代父母的如是社交媒体使用实践进一步标识了新生代父母在育儿实践中与父母辈/祖辈的区隔和异质。从这个角度来看，网络空间便具有了社会群体分类和生产边界的功能。本研究还发现，新生代父母的微信群使用不拘泥于"数字育儿"的功能性层面，还以此展开"线上育儿闲话"的话语实践，这为考察新生代父母的数字育儿行为创造了另外一种可能。

　　同时，在育儿微信群内，成员间所呈现的亲密关系，使育儿微信群流露出共同体的内涵和文化意义。套用约翰·杜威对共同体的经典描述"人们因为有共同的东西而生活在一个共同体内，而交流乃是他们达到占有共同的东西的方法"，在育儿微信群中，"新生代父母间因为育儿之事而生活在一个育儿共同体内，而交流乃是他们增强育儿主体性的方法"。在这个意义上，育儿微信群所结成的育儿共同体呼应了19世纪末德国著名社会学家斐迪南·滕尼斯对共同体的最初理解，他将"母子关系"视为共同体的胚胎形式之一。也就是说，在当时以"母子关系"为代表的家庭内部成员关系是共同体的原始形式。然而，在新媒体时代，数字媒介技术与新生代父母日常生活的深度互嵌将原本散落在各处的他们聚合起来，结成"育儿共同体"，共同面对育儿问题与育儿焦虑。从另一个方面看，育儿微信群对于其中的成员来说具有一种特殊的意义，譬如，"天南地北的妈妈们，很难得聚一起，一起分享宝宝的成长，成长路上可以相互为伴""有这个群在心里都踏实些，习惯了你们的陪伴"。这犹如社会学家齐格蒙·鲍曼对共同体的描述：共同体是一个温馨的地方，一个温暖而又舒适的场所；置身于共同体之中总是好事，因为在共同体中我们能够相互依靠对方，我们的责任只不过是相互帮助。前文所述的"信息互惠"即是共同体中的这般"相互依靠""相互帮助"。

　　自古以来，共同体是人类以不同的方式共享难以割舍的情结和追寻，然而，"共同体何以维系"的探索在不同脉络和语境下可以得到不同的实践和解释。在滕尼斯所生活的年代里，这似乎本身并不构成一个问题，因为建立在血缘、地缘等基础之上的共同体是天然存在的，而不是人为建构的。因此，在滕尼斯那里，共同体的发生和维系也是一个自然而然的、天然的过程。共同体何以建构与维系之所以成为一个问题，是因为随着工业社会和网络社会的崛起，基于血缘、地缘的传统意义上的共同体表现出不同程度的衰落迹象，而共同体又是人类共同生活实践中的内在需求。滕尼斯认为，血缘共同体逐渐发展、分化成地缘共同体，而地缘共同体又进一步发展并分化成精神共同体。法国思想家巴塔耶的"人的生命根本上存在着一种不充分性原则"，布朗肖的"每一个存在的生存都召唤一个他者或诸多他者"，都间接标识出共同体的存在与人的生存一样是与生俱来的。

在中国古代社会，虽然没有对"共同体"这一概念的直接使用与论述，但是先贤们对"群"这一概念的使用和关注比较接近于西方文化谱系中的"共同体"概念。也就是说，两个概念虽然具有不同的"名"，但具有相似甚至相同的指涉。在这样的逻辑下，"共同体何以维系"的追问在中国古代社会就被转换成了对"群如何维系，或者说，群如何可能"的求索。孔子、荀子、严复等先贤对其均有不同程度的关注。让我们对此考察一番，按照《说文解字》的说法："群，辈也。辈，若军发车，百辆为一辈。"然而，在中国古典文化中，或者说，在中国古代社会的认识和实践中，"群"不仅是单纯的、机械的聚集在一起，还具有丰富的"共同体"的内涵。

比如，战国时期，荀子便指出，"人生而能群""人，力不若牛，走不若马，而牛马为用，何也？曰：人能群，彼不能群也"。在这里，荀子极富创见地将人与动物的区别归因于"群"。也就是说，在荀子看来，虫蚁鸟兽聚而不能成为真正意义上的"群"，也不能被称为"群"，而只有人聚而方能成"群"，方能被称为"群"。那么，荀子的这般认识的潜台词是什么呢？或者说，表达出"群"的何种特质呢？荀子是对"群"关注比较多的中国古代思想家，他在《非十二子》《王制》《富国》《君道》《礼论》等篇章中多次谈到"群"的问题。那么，整体观之，荀子对"群"这一概念的使用流露出至少以下三个层面的含义。其一，人的聚集、集合之意。比如，在《非十二子》中，荀子说："若夫总方略，齐言行，壹统类，而群天下之英杰，而告之以大古。"① 这里的"群"便是使天下的英杰聚集在一起的意思。孔子也曾多次在这个意义上使用"群"这个概念，譬如，《论语·卫灵公篇第十五》中有："子曰：群居终日，言不及义，好行小慧，难矣哉！"其二，道义认同是"群"的核心。荀子在《王制》中讲述道："人何以能群？曰：分。分何以能行？曰：义。故义以分则和，和则一，一则多，多力则强，强则胜物。"② 简而言之，等级名分使人能够成为一个群体，而道义则保障了等级名分的施行。与此同时，如果没有了"等级名分"则会出现纷争，如果没有"群"就会因缺少相互依赖而陷入困境和祸乱。对此，他如是论述道："离居不相待则穷，群而无分则争。穷者患也，争者祸也。"③ 也正是在这个意义上，他提出前述的"人不能生而无群"。其三，直接等同于亲人、氏族和朋友等亲密关系。荀子在《礼论》中说："称情而立文，因以饰群，别亲疏、贵贱之节，而不可益损也，故曰无适不易之术也。"④ 这里的"群"便是指亲人、家族。由此可以看出，荀子作为我国古代哲学家对"群"概念的使用，与"共同体"理论的提出者滕尼斯对"共同体"的阐释之间存在内在的学理关联。除此之外，我们还可以发现，在荀子关于"群"的论述中，道义是"群"或"共同体"得以维系的重要内生因素，而不是以莫斯和马林诺夫斯基为代表的现代人类学领域

---

① 王威威译注《荀子译注》，上海三联书店，2014，第44页。
② 王威威译注《荀子译注》，上海三联书店，2014，第79页。
③ 王威威译注《荀子译注》，上海三联书店，2014，第99页。
④ 王威威译注《荀子译注》，上海三联书店，2014，第215页。

中所讨论的"互惠"，这种"互惠"又指向了物质利益，至少可以说，是建立在物质基础之上的互惠。这为理解"群/共同体"的建构和维系带来了另一个维度。然而，抽离出来看，在当今社会，以"道义"而非物质利益为基础的共同体是普遍存在的。比如，基于民族大义和国家情怀的帝吧出征事件中的"帝吧"。

晚清时期，我国近代著名思想家严复是较早从社会学的角度系统考察"群"的研究者，即使用今天的眼光来看，他对于"群"的洞察依然富有强烈的理论意义和当代价值。严复同样认为，"群"肇始于家，也就是说，家是群的源头和最初形式，他在《天演论》"译者导言"中说："群肇始于家，其始不过夫妇父子之合，合久而系联益固，生齿日蕃，则其相为生养保持之事。"[1] 这与滕尼斯、韦伯以及荀子的论述比较接近。同时，他指出，"群"之所以能够维系是因为人的道义，并将这种道义称为"天良"，而"天良生于善相感"，从这一论述中可以明显看到荀子的关于"群"思想的影子。在《群学肄言》《天演论》等著述的相关论述中严复还频繁直接引用荀子的言论，可以说，荀子为严复关于"群"的主张提供了理论资源和智力支持。然而，在严复看来，"群"不是一个大而化之的整体，他在《群学肄言》中说："群有数等，社会者，有法之群也。社会，工商政学莫不有之，而最重之义，构于成国。"[2] 如此一来，在严复"群有数等"的认知体系中，形成了以"家—家族/氏族/宗族—国家"为主体的群之等级体系。值得注意的是，这里的"等级体系"并无高低优劣之分，只是对不同层面"群"的形式的表述。换言之，"家—家族/氏族/宗族—国家"的等级体系分别对应了"群"在微观、中观、宏观层面的表现形式。这与近现代西方学术

---

[1] 严复：《天演论》，商务印书馆，1981，第28页。
[2] 王栻主编《严复集》，中华书局，1986，第125页。

界对于"共同体"的研究讨论不谋而合。严复指出，"故宗法者群之所由昉也。夫如是之群，合以与外争，或人或非人，将皆可以无畏，而有以自存。"① 由此可以看出，宗族共同体是一个生存共同体。如果"群"不存在了，人类也将难以生存，这就是他所说的"群道将息，而人种灭矣""善群者存，不善群者灭"。

因此，从上述分析中可以看出，荀子、严复等中国思想家与滕尼斯、马林诺夫斯基等西方思想家对于"共同体何以维系"这一问题具有不同的认识，将两者综合观之，"道义"与"互惠"构成了理解该问题的两个重要维度。然而，以新媒介技术为中介的育儿共同体的出现进一步拓展了理解该问题的边界。具体而言，在共同体的演进谱系中，育儿共同体属于网络共同体的范畴。网络共同体就是网络中以某些共性或纽带连接在一起的人群集合。育儿微信群作为一种共同体其结成与维系则至少需要以下三个因素。

第一，共同的身份归属与认同。传统共同体中的血缘、地缘等中介因素在育儿微信群中消失了。共同的身份归属与认同解决的是"我们是谁"的社会身份问题，而这又影响着其行为。在同一世代情境下，育儿微信群成员共同作为父母的身份归属是育儿共同体得以结成的原初基础。易言之，在共同的身份归属因素中，同一世代的"在世存有"不能被忽视，因为它使得育儿微信群成员所处的社会环境与行为方式具有相似性。然而，一旦跨世代，即使存在共同的身份归属，也难以形成育儿共同体。

第二，数字媒介衍生出的深度沟通。在有关共同体的思想史中，不管是前述的中国的荀子、严复，还是西方的滕尼斯、马林诺夫斯基，他们都未明确关注到共同体建构过程中"沟通"的不可或

---

① 王栻主编《严复集》，中华书局，1986，第 1344 页。

缺性，亦未对之进行专门讨论。然而，在构建基于网络世界的网络共同体过程中，"沟通"是建构和维系共同体的一个不可忽视的因素。育儿共同体属于网络共同体的范畴，在育儿共同体实践中，以微信群为代表的数字媒介技术是一种基础设施，它使得陌生的新生代父母因为一个共同的身份归属而凝结在一起，除了育儿信息的交换之外，他们彼此之间敞开心扉。如此一来，育儿微信群成员之间原本的陌生性成为一种重要的沟通资源。接续英国文化研究者雷蒙·威廉斯对共同体与沟通/交流之间关系的描述，可以说，只有在深度沟通中，育儿共同体形成才成为可能。

第三，双重互惠机制。育儿共同体作为一种共同的、有机的育儿实践，离不开互惠机制的支撑。本研究前述考察的"信息互惠"是这种互惠机制的一个方面，前文已对此加以分析。需要指出的是，育儿共同体中的"互惠"与以往传统农业社会、工业社会中的"互惠"具有结构性差异，这具体体现在下述三个方面：一是互惠模式的差异，在以往的互惠实践中主要遵循"赠予—回赠"的互惠过程和互惠模式，而在网络社群共同体中的互惠模式则典型地表现为"求助—回应"模式，具有更强的针对性、时间性以及功利性；二是互惠物的差异，"互惠"概念的提出者人类学家马林诺夫斯基在田野作业中形象地指出，互惠就是"内地村寨向渔民供应蔬菜，而沿海的社区则以鱼作为回报"[①]，也就是说，传统的互惠实践以作为实体物的礼物/物品为发生中介，而在网络社群共同体中互惠的内容由实体物变成了诸如科普知识推送、亲身经验分享、闲话吐槽等形态的信息与情感，这种脱离了物质载体的互惠物给互惠行为带来了更大的互惠自由度；三是互惠主体的差异，传统互惠主要以一

---

① 〔英〕马林诺夫斯基：《原始社会的犯罪与习俗》，原江译，云南人民出版社，2002，第22页。

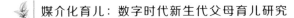

个主体与另一个主体之间的互动为发生情境，即个体间，而网络社群共同体更多地表现为群体互惠，即多主体同时参与。至此，谁是赠予的主体，谁是回馈的主体，已难以清晰辨识。因此，萨林斯曾从更普遍的意义上提出的"慷慨互惠""等价互惠""消极互惠"的主张的解释力也就随之减弱。

结语：媒介化育儿的未来

　　1994 年，中国正式接入国际互联网，进入互联网时代，生于 20 世纪八九十年代的新生代父母几乎是与互联网同步成长的一代人。作为"数字原住民"的一代，他们的"在世存有"无意识地为互联网所结构化。时至今日，可以说，他们依然是最新数字技术及其应用与消费的前端人群。从媒介技术的视角看，媒介化育儿可以说是他们媒介化在世存有的一个缩影，亦是一个表征。现在，年轻一代父母育儿越来越依赖多元的数字媒介，反过来，多元的数字媒介也越来越深刻地影响新生代父母的育儿实践。数字化、智能化时代的来临正改变着以"80 后""90 后"为主体的新生代父母的育儿方式和育儿观念，建构着新的育儿经验。数字媒介与新生代父母育儿实践的关系问题是一个复杂的问题。本研究通过讲述育儿微信群的故事管窥这一问题，从代际变迁的视角看，作为"数字原住民"的新生代父母与数字媒介的连接更加紧密，以微信群为表征的数字媒介成为他们获取育儿资源以及增强作为父母主体性的世代隐喻。

　　21 世纪以来，互联网、BBS、微博、微信等数字媒介与现代人日常生活的深度互嵌与融合将"育儿媒介化"推到"媒介化育儿"的新阶段，而育儿微信群成为当下新生代父母"媒介化育儿"的一种表征。"媒介化育儿"意味着媒介（尤其是新媒介技术）在父母的育儿经验中成为主导性因素，这不仅是对媒介逻辑介入育儿实践经验的现象的描述，还意味着育儿实践/经验遵循媒介运作逻辑而展开的客观事实。如此一来，"媒介化育儿"情境中的"媒介"就具有了拉图尔意义上的"行动者"的丰富内涵。那么，作为"行动者"的媒介如何以"形塑力"的角色作用于新生代父母的日常育儿生活？在育儿微信群中，以"育儿知识推送"与"亲身育儿经验分享"为发生维度的"信息互惠"，既是一种消解新生代父母育儿焦虑的力量，也使代际合作育儿的区隔与边界更为凸显。育儿微信群中的"信息互惠"与存在于传统农业社会、工业社会中的"互惠"在互惠模式、互惠中介、互惠主体等方面存在结构性差异，而这标识出育儿微信群中"信息互惠"的特质。

相较之下，在育儿微信群中的闲话实践层面，媒介作为"形塑力"的角色更为凸显。闲话作为一种私密或亲密叙述，通常以隐蔽的方式存在于熟人社会或亲密关系之间，而在育儿微信群中却变得公开化了，这意味着闲话向所有群内成员开放，且可以自由参与此过程。如此一来，在育儿微信群中，闲话被赋予公共性，成为一种公共表达，这使闲话参与者在呈现本真自我的过程中释放了育儿生活中压抑的自我，内在地促进群内成员释放日常育儿生活中的"压抑的自我"。在育儿微信群内，成员间呈现出一种亲密关系，这使育儿微信群流露出共同体的意味。从共同体的理论发展史的角度看，自滕尼斯明确提出"共同体"的概念至本尼迪克特开始将媒介技术与共同体勾连在一起的这段时期在本研究中被称为共同体的"前媒介化"时代，所谓"前媒介化"时代，也就是说，媒介技术在共同体的形成过程中并不是主要因素。"共同的身份归属与认同""数字媒介衍生出的深度沟通""双重互惠机制"诸要素的交织使得育儿共同体成为可能，育儿共同体的出现标识出媒介化共同体的来临。

从本研究的分析中可以看出，随着以微信群为代表的现代传播技术与数字媒介越来越深刻地嵌入新生代父母的日常育儿生活中，它们在新生代父母的育儿生活中所扮演的角色和带来的影响更为多元，而非简单的赋权逻辑。然而，当新生代父母以微信群为中介结成育儿共同体时，我们也听到鲍曼对"衣帽间式的共同体"（Cloakroom Community）的无奈喟叹，他以隐喻的手法、耐人寻味地如是论述道，尽管观看演出的观众白天时志趣各异，但晚上的演出使他们汇聚于此，他们脱下外套和夹克，然后眼睛紧紧盯着舞台。然而，演出落下帷幕后，他们各自从衣帽间取出外套和夹克，并回到他们平常单调和不同的角色中去。[①] 以微信群为中介结成育儿共同体恰似他所谈论的"衣帽间式的共同体"。试想，当新生代父母放下手机，暂时从育儿微信群中游离出来，回到日常育儿生活中，如何理解新生代父母以微信群为表征的媒介化育儿行为，又如何在这个意义上理解育儿共同体的脆弱性和阈限性值得进一步探究。

与此同时，网络空间成为现代人数字化生存的新的寓居之所，这不是对线下生活的全盘复制与迁移，而是创造出一种新的人的在世存有的方式与经验。而网络社群成为人们共同生活的新场域，它重新建构人们的共同生活实践。有人的地方就有共同生活，有共同生活的地方就有共同体的需要与出现，但是，这并不意味着共同生活可以与共同体画等号。就像有共同生活的地方就有共同体一样，有网络社群的地方就有共同体实践。也就是说，不是所有的网络社群都可以构成一种共同体，但是，网络社群中的共同体实践已经成为一种显在的社会事实，这可以看作网络传播技术与人们日常生活

---

① 〔英〕齐格蒙·鲍曼：《流动的现代性》，欧阳景根译，中国人民大学出版社，2018，第327页。

深度互嵌所衍生出的结果。网络社群作为一种共同体与传统意义上的共同体有诸多差异，"熟人"与"陌生人"的社会情境可以说是比较明显的差别，具体而言，传统意义上的共同体主要发生在熟人社会情境中，比如，一个家庭、一个团体，等等。而网络社群中的共同体实践主要发生在陌生人的情境下，比如，一个音乐发烧友趣缘社群、一个豆瓣怀旧小组，等等。当然，这并不是说熟人"缺席"于网络社群的共同体实践中，网络社群的共同体实践中也会有熟人的身影，比如，家庭微信群、社区QQ群组，等等。值得注意的是，这个意义上的网络社群的共同体实践与一般意义上的共同体实践具有较多重叠区域，而陌生人情境中的共同体则表现出一些新的景观。概而言之，陌生人情境是网络社群作为共同体的一个典型特征。那么，在熟人构成的育儿微信群中是否能形成本研究所述的"育儿共同体"，以及又会演绎出怎样的育儿图景，这些问题值得进一步研究。

参考文献

[1] 景军：《喂养中国小皇帝：食物、儿童和社会变迁》，华东师范大学出版社，2017。

[2] 闫文捷、潘忠党、吴红雨：《媒介化治理——电视问政个案的比较分析》，《新闻与传播研究》2020 年第 11 期。

[3] 黄旦：《报纸革命：1903 年的〈苏报〉——媒介化政治的视角》，《新闻与传播研究》2016 年第 6 期。

[4] 戴宇辰、孔舒越：《"媒介化移动"：手机与地铁乘客的移动节奏》，《国际新闻界》2021 年第 3 期。

[5] 唐士哲：《重构媒介？"中介"与"媒介化"概念爬梳》，《新闻学研究》2014 年第 121 期。

[6] 练玉春：《开启可能性——米歇尔·德塞都的日常生活实践理论》，《浙江大学学报》（人文社会科学版）2003 年第 6 期。

[7] 王艳：《移动连接与"可携带社群"："老漂族"的微信使用及其社会关系再嵌入》，《传播与社会学刊》2019 年第 47 期。

[8] 孙信茹：《微信的"建构"与"勾连"——对一个普米族村民微信群的考察》，《新闻与传播研究》2016 年第 10 期。

[9] 肖荣春：《微信群的"社会互助"与"故事讲述"——一项基于美国华人小区微信群的探索性研究》，《新闻与传播研究》

2018 年第 1 期。

[10] 彭铟旎、黄何明雄：《信息沟通技术与母职：一项关于香港菲佣的实证研究》，《社会》2012 年第 2 期。

[11] 王宇、陈青文：《家政女工的微信使用与异地母职实践研究》，《今传媒》2019 年第 10 期。

[12] 〔德〕卡尔·曼海姆：《卡尔·曼海姆精粹》，徐彬译，南京大学出版社，2002。

[13] 佚名：《英国祖父母看孙子可享带薪假》，《海峡都市报》2014 年 8 月 21 日，A21 版。

[14] 刘汶蓉：《青年白领的育儿压力与教养期望》，《当代青年研究》2015 年第 3 期。

[15] 汪永涛：《转型期城市家庭的代际合作育儿》，《社会学评论》2020 年第 2 期。

[16] 宋璐、李亮、李树苗：《老年人照料孙子女对农村家庭代际矛盾的影响研究》，《心理科学》2015 年第 5 期。

[17] 鲍莹莹：《隔代照料对祖辈代际赡养预期的影响——基于 CHARLS（2015）数据的实证分析》，《中国农村观察》2019 年第 4 期。

[18] 郑震：《当代西方社会学的日常生活转向——以核心理论问题为研究路径》，《天津社会科学》2012 年第 5 期。

[19] 胡泳：《网络社群的崛起》，《南风窗》2009 年第 22 期。

[20] 石勇：《社群新世界》，《南风窗》2015 年第 15 期。

[21] 〔美〕戴维·波普诺：《社会学》（第十版），李强等译，中国人民大学出版社，1999。

[22] 俞可平：《社群主义》，中国社会科学出版社，1998。

[23] 秦德君、高琳琳：《网络社群与民间话语：一种影响公共决策

的域场》,《新闻记者》2017 年第 6 期。

[24] 庞正、周恒:《场域抑或主体:网络社群的理论定位》,《社会科学战线》2017 年第 12 期。

[25] 杨江华、陈玲:《网络社群的形成与发展演化机制研究:基于"帝吧"的发展史考察》,《国际新闻界》2019 年第 3 期。

[26] 高宪春:《新媒介传播语境下的网络社群"正义观"及影响分析》,《南京社会科学》2015 年第 8 期。

[27] 姚大志:《什么是社群主义》,《江海学刊》2017 年第 5 期。

[28] 俞可平:《治理和善治:一种新的政治分析框架》,《南京社会科学》2001 年第 9 期。

[29] 张华:《网络社群的崛起及其社会治理意义》,《编辑之友》2017 年第 5 期。

[30] 张彦华:《网络社群的三重效应及其对公共决策的影响研究——基于传播政治经济学的视角》,《宁夏社会科学》2020 年第 2 期。

[31] 闫华、李晓一:《重大疫情下网络社群的风险治理研究》,《辽宁行政学院学报》2020 年第 4 期。

[32] 刘继:《网络社群的舆情演化机制分析》,《情报探索》2014 年第 5 期。

[33] 李根强、罗艳艳、臧学莲:《基于有界信任模型的网络社群舆情观点演化研究》,《情报科学》2017 年第 6 期。

[34] 徐成华、周健:《网络社群的文化特征研究》,《湖南工业职业技术学院学报》2011 年第 3 期。

[35] 林品:《从李毅吧到"帝吧":一种网络社群文化的形成与嬗变》,《媒介批评》2016 年第 6 辑。

[36] 赵丽瑾:《粉丝社群的组织结构与动员机制研究》,《现代传

播》2020 年第 8 期。

[37] 刘国强、蒋效妹：《反结构化的突围：网络粉丝社群建构中情感能量的动力机制分析——以肖战王一博粉丝群为例》，《国际新闻界》2020 年第 12 期。

[38] 王艺璇：《建构与赋权：网络粉丝社群的文化再生产——基于鹿晗网络粉丝社群的实证研究》，《学术界》2019 年第 11 期。

[39] 张建敏、臧雪文：《竞赛、表征与狂欢：网络粉丝社群的偶像制造》，《媒介批评》2019 年第 9 辑。

[40] 王艺璇：《网络粉丝社群中情感劳动的形成及其控制——以 Moonlight 站子为例》，《学习与实践》2020 年第 10 期。

[41] 吴震东：《仪式、礼物与狂欢——"微时代"网络社群红包的人类学阐释》，《民族学刊》2017 年第 4 期。

[42] 张放：《微信春节红包在中国人家庭关系中的运作模式研究——基于媒介人类学的分析视角》，《南京社会科学》2016 年第 11 期。

[43] 范小青：《基于新媒体、网络社群的少数民族文化传承——以阿昌族、裕固族为个案》，《民族学刊》2020 年第 3 期。

[44] 范宇欣：《中国新生代特点研究综述——基于知网的文献分析》，《新生代》2020 年第 5 期。

[45] 李春玲：《改革开放的孩子们：中国新生代与中国发展新时代》，《社会学研究》2019 年第 3 期。

[46] 王春光：《新生代农村流动人口的社会认同与城乡融合的关系》，《社会学研究》2001 年第 3 期。

[47] 赵芳：《"新生代"，一个难以界定的概念——以湖南省青玄村为例》，《社会学研究》2003 年第 6 期。

[48] 李春玲：《代际社会学：理解中国新生代价值观念和行为模式

的独特视角》，《中国青年研究》2020 年第 11 期。

［49］李培林、田丰：《中国新生代农民工：社会态度和行为选择》，《社会》2011 年第 3 期。

［50］熊易寒：《新生代农民工与公民权政治的兴起》，《开放时代》2012 年第 11 期。

［51］黄斌欢：《双重脱嵌与新生代农民工的阶级形成》，《社会学研究》2014 年第 2 期。

［52］冯承才：《社会排斥和自我认同：新生代农民工城市生存困局研究》，《社会发展研究》2021 年第 1 期。

［53］尹秋玲：《阶层匹配：新生代农民工随迁子女教育的阶层分化——基于佛山市 L 镇的田野调研》，《中国青年研究》2020 年第 10 期。

［54］周燕玲：《城市、家庭与不稳定工作——以新生代农民工的行动选择为例》，《甘肃社会科学》2021 年第 1 期。

［55］赵伯艳、冯婷：《新生代农民工社区意见表达：需求、制约与突破》，《黑河学刊》2021 年第 4 期。

［56］周贤润：《消费认同：新生代农民工的身份物化与情感治理》，《当代青年研究》2020 年第 5 期。

［57］李晓凤、周思思、李忠路：《新生代农民工生活压力源及群体差异——以深圳市产业工人为例》，《当代青年研究》2021 年第 2 期。

［58］张淑燕、刘爽、孙新宇：《社交媒体中新生代生育观呈现——基于"杨丽萍微博热搜事件"的内容分析》，《人口与社会》2021 年第 2 期。

［59］朱文哲：《社交媒体在新生代农民工城市融入中的作用》，《长春师范大学学报》2020 年第 11 期。

[60] 吴梓添：《网络自缚：90 后新生代农民工城市融入的媒介依赖与数字隔离》，《文化与传播》2021 年第 2 期。

[61] 宋双峰、方晓恬、窦少舸：《从娱乐到表达——新生代农民工基于短视频媒介形象建构的身份认同》，《新闻春秋》2020 年第 4 期。

[62] 王文娟、鞠玉梅：《网络媒体新生代农民工身份的辞屏构建》，《深圳大学学报》（人文社会科学版）2021 年第 4 期。

[63] 李彪：《亚文化与数字身份生产：快手新生代农民工群体土味文化研究》，《东北师大学报》（哲学社会科学版）2020 年第 3 期。

[64] 李婷婷、董震、崔凤：《新生代海员职业认同感提升的一项随机对照试验》，《社会工作》2021 年第 3 期。

[65] 慈鑫、梁璇：《互联网之上的中国体育新生代》，《中国青年报》2021 年 8 月 17 日，第 4 版。

[66] 赵轩：《"痛感"叙事：新生代导演乡土影像的魔幻现实主义路径》，《北京社会科学》2020 年第 1 期。

[67] 冯钢编选《社会学基础文献选读》，浙江大学出版社，2008。

[68] 刘军：《一般化互惠：测量、动力及方法论意涵》，《社会学研究》2007 年第 1 期。

[69] 杨丽云：《人类学互惠理论谱系研究》，《广西民族研究》2003 年第 4 期。

[70] 〔英〕彼得·伯克：《知识社会史（上卷）：从古登堡到狄德罗》，陈志宏、王婉旎译，浙江大学出版社，2017。

[71] 〔瑞典〕汤姆·R. 伯恩斯等：《结构主义的视野：经济与社会的变迁》，周长城等译，社会科学文献出版社，2000。

[72] 吴小英：《代际冲突与青年话语的变迁》，《青年研究》2006

年第 8 期。

［73］ 张杨波：《代际冲突与合作——幼儿家庭照料类型探析》，《学术论坛》2018 年第 5 期。

［74］ 佟新、杭苏红：《学龄前儿童抚育模式的转型与工作着的母亲》，《中华女子学院学报》2011 年第 1 期。

［75］ 肖索未：《"严母慈祖"：儿童抚育中的代际合作与权力关系》，《社会学研究》2014 年第 6 期。

［76］ 汪永涛：《转型期城市家庭的代际合作育儿》，《社会学评论》2020 年第 2 期。

［77］ 潘忠党、於红梅：《阈限性与城市空间的潜能——一个重新想象传播的维度》，《开放时代》2015 年第 3 期。

［78］ 郭建斌：《在场：流动电影与当代中国社会建构》，上海交通大学出版社，2019。

［79］〔德〕斐迪南·滕尼斯：《共同体与社会》，张巍卓译，商务印书馆，2019。

［80］ 李慧凤、蔡旭昶：《"共同体"概念的演变、应用与公民社会》，《学术月刊》2010 年第 6 期。

［81］〔英〕齐格蒙·鲍曼：《被围困的社会》，郇建立译，江苏人民出版社，2005。

［82］〔德〕马克斯·韦伯：《经济与社会》（第一卷），阎克文译，上海人民出版社，2010。

［83］〔德〕马克斯·韦伯：《经济与社会》（第二卷），阎克文译，上海人民出版社，2010。

［84］ 王琦：《从"共同体的失落"到"文学的共通体"——论南希的文学共同体思想》，《中国语言文学研究》2020 年秋卷。

［85］〔美〕理查德·桑内特：《公共人的衰落》，李继宏译，上海

译文出版社，2014。

[86] 〔英〕保罗·霍普：《个人主义时代之共同体重建》，沈毅译，浙江大学出版社，2010。

[87] 〔美〕罗伯特·帕特南：《独自打保龄：美国社区的衰落与复兴》，刘波、祝乃娟等译，北京大学出版社，2011。

[88] 周洪宇、陈竞蓉主编《民主主义与教育：杜威在华演讲录》，安徽教育出版社，2013。

[89] 〔德〕乌韦·卡斯滕斯：《斐迪南·滕尼斯传：佛里斯兰人与世界公民》，林荣远译，北京大学出版社，2010。

[90] 李风华：《何以为家：一种基于共同人身所有权的命运共同体》，《探索与争鸣》2019年第12期。

[91] 李旭东：《论和谐概念的三种形式——基于"家—国—天下"共同体概念的分析》，《社会科学战线》2010年第12期。

[92] 朱志平、朱慧劼：《乡村文化振兴与乡村共同体的再造》，《江苏社会科学》2020年第6期。

[93] 孙枭雄、仝志辉：《村社共同体的式微与重塑——以浙江象山"村民说事"为例》，《中国农村观察》2020年第1期。

[94] 殷企平：《共同体》，《外国文学》2016年第2期。

[95] 卢尧选：《村落共同体研究的理论传统与特征》，《学海》2019年第5期。

[96] 李培林：《巨变：村落的终结——都市里的村庄研究》，《中国社会科学》2002年第1期。

[97] 张扬金：《村治秩序多维分析与现代村落共同体建构》，《甘肃社会科学》2020年第3期。

[98] 李国庆：《关于中国村落共同体的论战——以"戒能—平野论战"为核心》，《社会学研究》2005年第6期。

[99] 〔德〕乌尔里希·贝克、伊丽莎白·贝克—格恩斯海姆:《个体化》,李荣山、范譓、张惠强译,北京大学出版社,2011。

[100] 〔法〕莫里斯·布朗肖:《不可言明的共通体》,夏可君、尉光吉译,重庆大学出版社,2016。

[101] 〔法〕乔治·巴塔耶:《内在体验》,尉光吉译,广西师范大学出版社,2016。

[102] 但汉松:《"卡尔"的鬼魂问题——论品钦〈秘密融合〉中的共同体和他者》,《当代外国文学》2015年第4期。

[103] 〔法〕让-吕克·南希:《无用的共通体》,郭建玲、张建华、夏可君译,河南大学出版社,2016。

[104] 〔英〕亚历克斯·默里:《为什么是阿甘本》,王立秋译,南京大学出版社,2020。

[105] 〔意〕吉奥乔·阿甘本:《来临中的共同体》,相明、赵文、王立秋译,西北大学出版社,2019。

[106] 〔英〕雷蒙·威廉斯:《文化与社会:1780~1950》,高晓玲译,吉林人民出版社,2011。

[107] 〔美〕本尼迪克特·安德森:《想象的共同体:民族主义的起源与散布》(增订版),吴叡人译,上海人民出版社,2016。

[108] 〔美〕詹姆斯·凯瑞:《作为文化的传播》(修订版),丁未译,中国人民大学出版社,2019。

[109] 彭兰:《"液态""半液态""气态":网络共同体的"三态"》,《国际新闻界》2020年第10期。

[110] 胡百精、李由君:《互联网与共同体的进化》,《新闻大学》2016年第1期。

[111] 陈龙、杜晓红:《共同体幻象:新媒体空间的建构互动与趣味建构》,《山西大学学报》(哲学社会科学版)2015年第

4 期。

[112] 李斌：《网络共同体：网络时代新型的政治参与主体》，《中共福建省委党校学报》2006 年第 4 期。

[113] 郭彦巧、田钰滢：《从媒介发展视角看网络共同体的构建》，《新闻传播》2014 年第 2 期。

[114] 王威威译注《荀子译注》，上海三联书店，2014。

[115] 严复：《天演论》，商务印书馆，1981。

[116] 王栻主编《严复集》，中华书局，1986。

[117] 方文：《群体符号边界如何形成？——以北京基督新教群体为例》，《社会学研究》2005 年第 1 期。

[118] 潘泽泉：《社会分类与群体符号边界——以农民工社会分类问题为例》，《社会》2007 年第 4 期。

[119] 薛亚利：《村庄里的闲话：意义、功能和权力》，上海书店出版社，2009。

[120] 蔡玲：《新手妈妈初任母职历程研究——以个案为例的质性分析》，《中华女子学报》2015 年第 3 期。

[121] 葛宇宁：《从伦理的视角谈现代婆媳关系问题》，《河南理工大学学报》（社会科学版）2016 年第 4 期。

[122] 笑冬：《最后一代传统婆婆？》，《社会学研究》2002 年第 3 期。

[123] 费孝通：《乡土中国》，北京大学出版社，2012。

[124] 刘娟：《北京市夫妻关系研究》，《人口与经济》1994 年第 3 期。

[125] 杨国斌：《中国互联网的深度研究》，《新闻与传播评论》2017 年第 1 期。

[126] 〔德〕齐美尔：《社会是如何可能的：齐美尔社会学文选》，

林荣远编译，广西师范大学出版社，2002。

[127] 成伯清：《格奥尔格·齐美尔：现代性的诊断》，杭州大学出版社，1999。

[128] 陈榕：《流动的现代性中的陌生人危机——评鲍曼的〈我们门口的陌生人〉》，《外国文学》2019 年第 6 期。

[129] 〔英〕齐格蒙·鲍曼：《现代性与大屠杀》，杨渝东、史建华译，译林出版社，2016。

[130] 黄厚铭：《网络人际关系的亲疏远近》，《台湾大学社会学刊》2000 年第 10 期。

[131] 张杰：《"陌生人"视角下社会化媒体与网络社会"不确定性"研究》，《国际新闻界》2012 年第 1 期。

[132] 屈勇：《去角色互动：赛博空间中陌生人互动的研究》，南京大学博士学位论文，2011。

[133] 杨宜音、张曙光：《在"生人社会"中建立"熟人关系"对大学"同乡会"的社会心理学分析》，《社会》2012 年第 6 期。

[134] 周晓虹：《认同理论：社会学与心理学的分析路径》，《社会科学》2008 年第 4 期。

[135] 宁晶、许放明：《青年趣缘群体符号边界的建构——以 XZ 户外俱乐部为例》，《当代青年研究》2016 年第 1 期。

[136] 方秋明：《为他本真与为己本真——莱维纳斯对海德格尔本真观的超越与反转》，《世界哲学》2016 年第 2 期。

[137] 〔美〕欧文·戈夫曼：《日常生活中的自我呈现》，冯钢译，北京大学出版社，2008。

[138] 〔英〕安东尼·吉登斯：《现代性与自我认同：现代晚期的自我与社会》，赵旭东、方文译，生活·读书·新知三联书

店，1998。

[139] 陈玮、崔岩、徐洁：《90后妈妈育儿就靠上网搜 超八成父母陷育儿困惑和焦虑》，《齐鲁晚报》2016年12月11日，第2版。

[140] 陈婷玉：《当妈妈真好？流行妇幼杂志的母职再现》，《女学学志：妇女与性别研究》2010年第26期。

[141] 叶盛珺：《关于有效传播在优质网络社群中的实现——以"新妈妈"微信群聊圈为样本的实证研究》，浙江大学硕士学位论文，2017。

[142] 刘利群主编《中国媒介与女性发展报告（2013~2014）》，社会科学文献出版社，2015。

[143] 施芸卿：《当妈为何越来越难——社会变迁视角下的"母亲"》，《文化纵横》2018年第5期。

[144] 吕杰：《跨世纪新生代的社会心理承受能力及培养机制》，《当代青年研究》1995年第6期。

[145] 王春光：《新生代农村流动人口的社会认同与城乡融合的关系》，《社会学研究》2001年第3期。

[146] 李晓丽：《"新生代"女作家的日常生活叙事》，南开大学博士学位论文，2012。

[147] 江曼莉：《新手妈妈的母职角色发展》，华东师范大学硕士学位论文，2016。

[148] 江盈欣：《新手妈妈于虚拟社群之资讯行为》，淡江大学硕士学位论文，2016。

[149] 廖玲玲：《我当妈妈了——新手妈妈初任母职历程之研究》，（台湾）台东大学硕士学位论文，2006。

[150] 崔嵬：《在虚拟与现实之间——一塌糊涂BBS虚拟社区研

究》，北京大学硕士学位论文，2001。

[151] 〔美〕罗伯特·V.库兹奈特：《如何研究网络人群和社区：网络民族志方法实践指导》，叶韦明译，重庆大学出版社，2016。

[152] 王心远：《流动生活中的在线小区：中国新生代农村移民社交媒体使用的人类学研究》，《传播与社会学刊》2018 年第 44 期。

[153] 方文：《群体符号边界如何形成？——以北京基督新教群体为例》，《社会学研究》2005 年第 2 期。

[154] 卜玉梅：《虚拟民族志：田野、方法与伦理》，《社会学研究》2012 年第 6 期。

[155] 唐魁玉、邵力：《微信民族志、微生活及其生活史意义——兼论微社会人类学研究应处理好的几个关系》，《社会学评论》2017 年第 2 期。

[156] 赵旭东：《微信民族志时代即将来临——人类学家对于文化转型的觉悟》，《探索与争鸣》，2017 年第 5 期。

[157] 叶宏：《微信与民族志：田野、建构以及自媒体时代的人类学》，《玉溪师范学院学报》2017 年第 5 期。

[158] 彭晨、罗翔宇：《空间变迁与关系重构：微信绘制的土家村民家庭图景——对一个土家村落的民族志研究》，《湖北民族学院学报》（哲学社会科学版）2019 年第 6 期。

[159] 孙小晨：《95 后大学生人际互动过程与模式分析——基于微信民族志研究范式》，《丽水学院学报》2018 年 4 期。

[160] 沙垚：《乡村人际关系和文化秩序的再生产——基于陕西关中庙会微信群的民族志考察》，《中国新闻传播研究》2018 年第 1 期。

[161] 张领：《流动的共同体：农民工与一个村庄的变迁》，中国社会科学出版社，2015。

[162] 高崇、杨伯溆：《基于兴趣的社会交往：同乡社会网络内的交往逻辑——基于"SZ 人在北京"QQ 群组的虚拟民族志研究》，《北大新闻与传播评论》2013 年第 1 期。

[163] 聂文娟：《群体情感与集体身份认同的建构》，《外交学院报》2011 年第 4 期。

[164] 王继周、陈刚：《民族志与新闻传播学知识生产的全球图景——基于 45 份 SSCI 期刊文献的知识计量学研究》，《新闻大学》2019 年第 3 期。

[165] 杨善华、孙飞宇：《作为意义探究的深度访谈》，《社会学研究》2005 年第 5 期。

[166] 阎云翔：《小地方与大议题：用民族志方法探索世界社会》，《世界民族》2014 年第 1 期。

[167] 王晴锋：《反思社会研究中作为方法的深度访谈》，《云南社会科学》2014 年第 1 期。

[168] 郭建斌：《在场：流动电影与当代中国社会建构》，上海交通大学出版社，2019。

[169] 杨雄：《AI 时代"教育内卷化"的根源与破解》，《探索与争鸣》2021 年第 5 期。

[170] 〔英〕蕾切尔·卡斯克：《成为母亲：一名知识女性的自白》，黄建树译，上海人民出版社，2019。

[171] 周易：《父母育儿焦虑多 67.0% 受访者归因爱攀比》，《中国青年报》2015 年 10 月 19 日，第 7 版。

[172] 刘新宇：《城市家庭的奶粉焦虑、哺育伦理与市场卷入》，《妇女研究论丛》2018 年第 2 期。

[173] 尤佳：《新媒体视域下中国当代育儿焦虑研究》，河北大学博士学位论文，2019。

[174] 晏艳、林凤英、简健清：《QQ群平台在孕妇孕期管理的效果观察》，《护理学报》2012年第12期。

[175] 蔡秀娟、胡军、罗斯、吴意：《微信群对产妇出院后母乳喂养行为影响的研究》，《检验医学与临床》2012年第11期。

[176] 张苡萱：《育儿SNS用户的"使用与满足"研究——以IOS平台"辣妈帮"App为例》，南京大学硕士学位论文，2013。

[177] 阿布都热西提·基力力、王霞：《新手妈妈社会支持网络的多元化：一个文献综述》，《兰州学刊》2013年第9期。

[178] 张晋芬、李奕慧：《"女人的家事"、"男人的家事"：家事分工性别化的持续与解释》，《人文及社会科学集刊》2007年第2期。

[179] 金一虹、杨笛：《教育"拼妈"："家长主义"的盛行与母职再造》，《南京社会科学》2015第2期。

[180] 林晓珊：《母职的想象：城市女性的产前检查、身体经验与主体性》，《社会》2011年第5期。

[181] 陶艳兰：《流行育儿杂志中的母职再现》，《妇女研究论丛》2015年第3期。

[182] 唐文慧：《为何职业妇女决定离职？结构限制下的母职认同与实践》，《台湾社会研究季刊》2011年第85期。

[183] 林昱瑄：《做学术、做妈妈：学术妈妈的困境、策略与智性母职》，《台湾社会学刊》2019年第66期。

[184] 曹昂：《借力新媒体，新手妈妈获得母婴健康主导权》，《中国妇女报》2015年12月22日，第B2版。

[185] Hays, S., *The Cultural Contradictions of Motherhood* (New Ha-

ven，CT：Yale University Press，1996）.

［186］ Nolan，S.，Hendricks，J.，Towell，A.，"Social Networking Sites（SNS）：Exploring Their Uses and Associated Value for Adolescent Mothers in Western Australia in terms of Social Support Provision and Building Social Capital"，*Midwifery*，31（9），2015.

［187］ Lupton，D.，"'It just Gives Me a bit of Peace of Mind'：Australian Women's Use of Digital Media for Pregnancy and Early Motherhood，"*Societies*，7（3），2017.

［188］ Damkjaer，M.，"Sharenting = Good Parenting？Four Parental Approaches to Sharenting on Facebook"，in Mascheroni，G.，Ponte，C.，Jorge，A.，eds.，*Digital Parenting：The Challenges for Families in the Digital Age*（Göteborg：Nordicom，2018）.

［189］ Mannheim，K.，"The Problem of Generations"，in Kecskemeti，P.，ed.，*Essays on the Sociology of Knowledge*（London：Routledge and Kegan Paul，1952）.

［190］ Pilcher，J.，"Mannheim's Sociology of Generations：An Undervalued Legacy"，*The British Journal of Sociology*，45（3），1994.

［191］ Fernback，J.，*There Is There：Notes toward a Definition of Cyber-Community*（Thousand Oaks，CA：Sage Publications，1999）.

［192］ Lamont，M.，Molnár，V.，"The Study of Boundaries in the Social Sciences"，*Annual Review of Sociology*，28（3），2002.

［193］ Jrvinen，M.，Demant，J.，"The Normalisation of Cannabis Use among Young People：Symbolic Boundary Work in Focus Groups"，*Health，Risk & Society*，13（2），2011.

［194］ Cherry，E.，"Shifting Symbolic Boundaries：Cultural Strategies of the Animal Rights Movement", *Sociological Forum*, 25 (3), 2010.

[195] Alba, R., "Bright Versus Blurred Boundaries: Second Generation Assimilation and Exclusion in France, Germany, and the United States", *Ethnic and Racial Studies*, 28 (1), 2005.

[196] Jones, H., "You Show Me Yours, I'll Show You Mine: The Negotiation of Shifts from Textual to Visual Modes in Computer-Mediated Interaction among Gay Men", *Visual Communication*, 4 (1), 2005.

[197] Glenn, E., *Social Construction of Mothering: A Thematic Overview* (New York: Routledge, 1994).

[198] Madge, C., Connor, H., "Parenting Gone Wired: Empowerment of New Mothers on the Internet?", *Social &Cultural Geography*, 7 (2), 2006.

[199] Gibson, L., Hanson, L., "Digital Motherhood: How does Technology Support New Mothers", in Konstan, J., Chi, E., Höök, K., eds., *Proceedings of the SIGCHI Conference on Human Factors in Computing Systems* (New York: Association for Computing Machinery, 2013).

[200] Lupton, D., "The Use and Value of Digital Media for Information about Pregnancy and Early Motherhood: A Focus Group Study", *BMC Pregnancy and Childbirth*, 16 (1), 2016.

[201] Mcdaniel, T., Coyne, M., Holmes, K., "New Mothers and Media Use: Associations between Blogging, Social Networking, and Maternal Well-Being", *Maternal and Child Health Journal*, 16 (7), 2012.

［202］ Mascheroni，G.，Ponte，C.，Jorge，A.，*Digital Parenting*：*The Challenges for Families in the Digital Age*（Göteborg：Nordicom，2018）.

［203］ Rudi，J.，Dworkin，J.，Walker，S.，Doty，J.，"Parents' Use of Information & Communications Technologies for Family Communication：Differences by Age of Children"，*Information*，*Communication & Society*，18（1），2015.

［204］ Lupton，D.，Pedersen，S.，Thomas，G.，"Parenting and Digital Media：From the Early Days of the Web to Contemporary Digital Society"，*Sociology Compass*，10（8），2016.

［205］ Lefebvre，H.，*Critique of Everyday Life（Vol. 2）*：*Foundations for a Sociology of the Everyday*（London & New York：Verso，2002）.

［206］ Certeau，M.，*The Practice of Everyday Life（Vol. 2）*（Oakland：University of Carlifornia Press，1988）.

［207］ White，M.，Dorman，S.，"Receiving Social Support Online：Implications for Health Education"，*Health Education Research*，16（6），2001.

［208］ Sindhav，B.，Hagel，J.，Armstrong，G.，"Net Gain：Expanding Markets Through Virtual Communities"，*Journal of Marketing*，62（1），1997.

［209］ Kozinets，V.，"E-Tribalized Marketing：The Strategic Implications of Virtual Communities of Consumption"，*European Management Journal*，17（3），1999.

［210］ Vossen，G.，Hagemann，S.，*Unleashing Web 2. 0：From Concepts to Creativity*（Burlington：Morgan Kaufmann Publishers，2007）.

［211］ Nick, C., Andreas, H., "Conceptualizing Mediatization: Contexts, Traditions, Arguments", *Communication Theory*, 3 (3), 2013.

［212］ Schneider, U., "Mediatization in 'Aeolus' and 'Oxen of the Sun'", *European Joyce Studies*, 1 (9), 1989.

［213］ Voogd, P., "James Joyce, Wyndham Lewis, and the Mediatization of Word and Image", *European Joyce Studies*, 1 (9), 1989.

［214］ Nie, S., Kee, C., Ahmad, L., "Mediatization: A Grand Concept or Contemporary Approach?", *Procedia-Social and Behavioral Sciences*, (155), 2014.

［215］ Deacon, D., Stanyer, J., "Mediatization: Key Concept or Conceptual Bandwagon?", *Media, Culture & Society*, 36 (7), 2014.

［216］ Hjarvard, S., "The Mediatization of Society: A Theory of the Media as Agents of Social and Cultural Change", *Nordicom Review*, 29 (2), 2008.

［217］ Vandevoordt, R., Verschraegen, G., "Demonstrating Deservingness and Dignity. Symbolic Boundary Work among Syrian Refugees", *Poetics*, (76), 2019.

［218］ Schulz, W., "Reconstructing Mediatization as an Analytical Concept", *European Journal of Communication*, 19 (1), 2004.

［219］ Kato, Y., "Coming of Age in the Bubble: Suburban Adolescents' Use of a Spatial Metaphor as a Symbolic Boundary", *Symbolic Interaction*, 34 (2), 2011.

［220］ Foster, E., "Researching Gossip with Social Network Analysis", Ph. D diss., Temple University, 2003.

［221］Paine, R., "What Is Gossip About? An Alternative Hypothesis", *Man* (*New Series*), 2 (2), 1967.

［222］Gluckman, M., "Gossip and Scandal", *Current Anthropology*, 4 (2), 1963.

［223］Tajfel, H., *Differentiation Between Social Groups: Studies in the Social Psychology of Intergroup Relations* (London: Academic Press, 1978).

［224］Christensen, K., Levinson, D., *Encyclopedia of Community: From the Village to the Virtual World* (Thousand Oaks, CA: Sage, 2003).

［225］Leavis, R., Thompson, D., *Culture and Environment: The Training of Critical Awareness* (London: Chatto & Windus, 1964).

后　记

　　2018 年 6 月，种种因缘际会，博士毕业后我"临时起义"，将自己塞进博士后的队列。眼下，呈现在诸君面前的这本小书便是在博士后出站报告基础上修改完成的。修改工作主要是在完善研究资料的基础上进一步寻找理论对话的空间，此时此刻，回过头来看，这项修改工作并没有想象中那般容易。

　　做一项研究、写一本书就像一场修行，甘苦、冷暖、得失交织在一起。这里追述一个小片段，记录其中的甘苦与得失。2019 年 2 月，在澳大利亚一次学术会议上我报告了部分材料和观点，一位来自互联网业界的朋友在席间对文章进行了毫不留情的批评，认为文章缺少新鲜感和思考的深度。这使我对"经验"和"理论"提出了更高要求，也迫使我重新思考这个选题。同时，在修改过程中，我总是为"经验如何勾连理论""如何厘清新媒介技术关联特定社会群体的复杂性"所缠绕，曾几度停滞不前。

　　2021 年 6 月，我重新打开尘封的材料，再次修改书稿，逐渐聚焦到"媒介化"的理论脉络下，而书中呈现的"媒介化的共同体"则是意外的惊喜。即便如此，这本书依然存在诸多不足与遗憾，但由于学力有限，只好以此面目示人，权当自己成长中的一个小小见证吧。值得一提的是，在本书即将付梓之时，2021 年岁末，承蒙《南京社会科学》副总编辑虞淑娟女士点拨，"媒介化育儿"作为一个分析概念的理论化程度方显丰满一些，遂成《媒介与育儿之间："媒介化育儿"的概念内涵、发生维度与研究进路》一文，刊于《南京社会科学》2021年第12期。无声中，这恰好与本书形成一种美妙的呼应。

几年来，感谢武汉大学罗以澄教授、周长城教授、强月新教授、陈刚教授以及中南财经政法大学吴玉兰教授等良师益友的指导和帮助，他们的豁达与严谨、乐观与认真，让我受惠很多。尤其是恩师罗以澄教授，我从2015年在其门下攻读博士学位以来，在研究上和生活上得到大量帮助和无数鼓励，这些成为支撑我前行的无形力量。

2020年7月我入职中南财经政法大学，新闻与文化传播学院部校共建创新研究团队项目和中南财经政法大学青年人才引进科研启动经费为本研究的开展和出版提供了资助。当然，这本书能够得以出版还要感谢很多人。感谢新闻与文化传播学院罗晓静院长一直以来的支持和帮助，并将本书纳入"文澜学术文库"系列丛书，感谢社会科学文献出版社高雁老师的指导和专业意见，感谢责任编辑贾立平老师的精心编辑。

格外感谢我的家人，他们默默承担了生活中很多"琐碎之事"，让我有更多时间能够在那栋安静的小白楼里做自己喜欢的事。

回过头来看，做这样一项研究与儿子的出生直接有关，2017年他的出生让我直接观察到育儿这一话题，从这个意义上讲，这本小书也是他四年成长的一个小小的注脚和见证。

王继周

2021年12月写于

中南财经政法大学小白楼

图书在版编目（CIP）数据

媒介化育儿：数字时代新生代父母育儿研究 / 王继
周著. -- 北京：社会科学文献出版社，2022.2
（文澜学术文库）
ISBN 978 - 7 - 5201 - 9626 - 0

Ⅰ.①媒… Ⅱ.①王… Ⅲ.①数字技术 - 传播媒介 -
研究 ②婴幼儿 - 哺育 - 研究 Ⅳ.①G206.2 - 39
②TS976.31

中国版本图书馆 CIP 数据核字（2022）第 006896 号

·文澜学术文库·

媒介化育儿：数字时代新生代父母育儿研究

著　　者／王继周

出 版 人／王利民
责任编辑／贾立平
责任印制／王京美

出　　版／社会科学文献出版社
　　　　　　地址：北京市北三环中路甲 29 号院华龙大厦　邮编：100029
　　　　　　网址：www.ssap.com.cn
发　　行／社会科学文献出版社（010）59367028
印　　装／三河市尚艺印装有限公司

规　　格／开　本：787mm × 1092mm　1/16
　　　　　　印　张：12.25　字　数：153 千字
版　　次／2022 年 2 月第 1 版　2022 年 2 月第 1 次印刷
书　　号／ISBN 978 - 7 - 5201 - 9626 - 0
定　　价／98.00 元

读者服务电话：4008918866